ERİL BERİL'DEN AFRODİT'E

MODERN KADININ DİŞİL ÖZÜNE YOLCULUĞU

GÜLEN GÜNDÜZ YILMAZ

CERES | KİŞİSEL GELİŞİM

GÜLEN GÜNDÜZ YILMAZ

1973 yılında İstanbul'da doğdu. ODTÜ Bilgisayar Mühendisliği'nden acı çekerek mezun oldu. Mühendislik hiç yapmadı. Bilişim sektöründe satış ve pazarlama pozisyonlarında uzun yıllar çalıştı. Konfor alanını bırakmamak için oldukça dirense de, hayat onu koç ve eğitmen olmaya taşıdı.

ICF PCC (International Coach Federation Professional Certified Coach) unvanına sahip. Kurumlara, takımlara, yöneticilere ve bireylere koçluk yapıyor; eğitimler veriyor.

Koçluk ve eğitim yapmak kadar almayı da sevdiği için sayısız eğitim aldı. Jungçu Koçluk ve yaratıcı yazarlık eğitimleriyle; yıllardır sevdiği psikoloji ve koçlukla, mitoloji ve hikayelerin buluşmasını büyülü buluyor.

Instagram ve YouTube'da sunduğu bolca gülme vaad eden içeriklerle daha geniş bir kitleye ulaşmaktan mutluluk duyuyor. Düzenlediği Afrodit eğitimleriyle, kadınların dişil özleriyle yeniden buluşmasına aracılık ediyor.

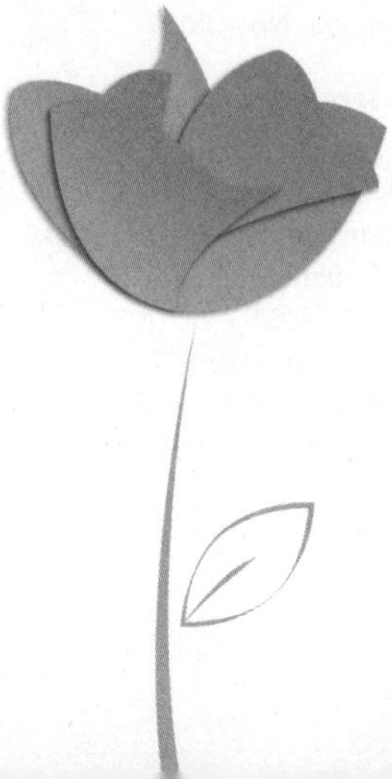

CERES YAYINLARI 199
Kişisel Gelişim 31

Eril Beril'den Afrodit'e
Gülen Gündüz Yılmaz

Birinci Basım, Haziran 2019

Yayın Yönetmeni : Tuğba Dedeoğlu Demir
Editör : Çiğdem Tan
kitapeditoru.com
Mizanpaj ve Kapak Tasarım : Hakan Demir

Baskı ve Cilt
Pasifik Ofset
Cihangir Mah. Güvercin Cad. No: 3/1
Baha İş Merkezi A Blok K:2
34310 Haramidere - İstanbul
Tel: 0212.412 17 77
Matbaa Sertifika No: 12027

CERES EĞİTİM VE YAYINCILIK
TİC. LTD. ŞTİ.
Fahrettin Kerim Gökay Cad.
Emin Sağlam Apt. No: 227 K:7 D:15
Göztepe, Kadıköy - İstanbul
Tel: 0216.566 15 51
www.ceresyayinlari.com
iletisim@ceresyayinlari.com
Yayınevi Sertifika No: 40075

ISBN: 978-605-2048-88-7

Eril Beril'den AFRODİT'E

Modern kadının dişil özüne yolculuğu

GÜLEN GÜNDÜZ YILMAZ

ceres
YAYINLARI

ÖNEMLİ NOT!

Bu kitapta bahsi geçen bireylerin tümünün isimleri -ve bazen de meslek gibi bazı öğeleri- kimliklerinin saklanması amacıyla değiştirilmiş; bazı vakalar birleştirilmiştir.

Tüm Eril Beril'lere,

İÇİNDEKİLER

Hikâyem

Üç kadından bahsedeceğim sana:

1 İçimdeki Malefiz'den

Angelina Jolie'nin canlandırdığı filmi hatırlar mısın? Hani kocaman siyah boynuzları, siyah pelerini ve siyah kanatları olan o vahşi, o yıkıcı Malefiz'den...

2 İçimdeki Çocuk'tan

Dokuz yaşında, kırmızı fırfır eteğiyle kimseleri umursamadan kendinden geçmiş bir biçimde göbek dansı yapan o kız çocuğundan...

3 İçimdeki Afrodit'ten

Tüm güzelliğiyle salınan, ışıltısını ve kalbini tüm dünyaya açan, bol kahkahalı, cilveli Afrodit'ten.

Ama gel önce Kadir İnanır'dan bahsedelim.

Bundan on on beş yıl kadar önceydi. Bir gazetede tam iki sayfa "Kadir İnanır'ın Kadınları" manşetiyle haber yapılmıştı.

Kadir İnanır'ın Kadınları...

Hem Kadir İnanır'la, hem de "kadınları"yla röportajlar vardı haberde. Kadir İnanır diyordu ki, "ben kadının bana sevgisini, bana pişirdiği pilavdan anlarım. O pilava gösterdiği özenden, o pilavın kokusundan, o pilavın tane taneliğinden akar sevgisi bana..."

"Kadir İnanır'ın Kadınları" arasında, 14 sene onunla yaşamış Canan Yaka da vardı. Canan Hanım da diyordu ki: "Çok zor insandı. Her öğün, ama her öğün, taze pilav isterdi. Ramazan'da, sahura da taze pilav isterdi. Kalkar pişirirdim. Pilavdan öylesine tiksindim ki, bir daha da pişirmedim."

Sen de tiksinmedin mi şimdi? Kadir İnanır'da temsilini gördüğümüz bu maçoluktan; biz modern kadınlar, hiç mi hiç hazzetmiyoruz değil mi? Biz bu tip adamlara sahurda kalkıp taze pilav pişirmemek için o okullarda okuduk, o stresli işlerde çalıştık. Sevgililerimizi de, kocalarımızı da; kariyerimizi, hayallerimizi destekleyen, cinsiyet ayrımı gözetmeyen erkeklerden seçtik. Öyle değil mi?

Tabii ki, bizim gördüğümüz "maço", o "erkek", o "adamın dibi" profil, bizim Kadir İnanır algımızdır. Kimsenin "gerçekte" kim olduğunu, ne yaşadığını bilemeyiz. Hele ki çok farklı rollerin içine başarıyla girebilmiş bir oyuncunun, hayatını sadece "maço erkek" olarak geçirdiğini de zannetmiyorum.

Bununla beraber, biz "modern" kadınlar, yıllarca uzak durduğumuz bu erkek profilinden duyduğumuz rahatsızlığı da kendisine yansıtıyoruz işte. Allah affetsin.

"Ah Belinda" filmini bilmem hatırlar mısın? Ben o filmden pek bir etkilenmiştim. Düşünsene; kariyer sahibisin, hem de son derece marjinal bir hayat yaşıyorsun ve kendine kurduğun tüm hayat birdenbire yerle bir oluyor. Sabah uyanıyorsun ve ev kadınısın. Yanında Kadir İnanır profilinde bir adam var. Hatta seni uyandırıyor, "Kalk, sahura pilav yap" diye.

Ne var ki bu haberi okuduğumda, "Ay pis maço ya!" gibi şeyler söylemek benim aklıma bile gelmedi. Onun yerine kocama şöyle şakalar yaptım: "Eğer bir gün çok para kazanırsam seni evde oturtacağım, her akşam da senden taze pilav isteyeceğim."

Eşitlikse eşitlik değil mi?

Bu şakalara da karı koca çılgınca güldük. Çünkü biz çok "modern", çok "eşitlikçi" bir aileydik. Ben artık iş hayatında kendine sağlam bir yer edinmiş, kendini ispat etmiş bir kadındım. Birisi evde oturacaksa, o ben değildim. O eski evlilik modellerini çoktan aşmıştık biz.

O kadar aşmıştık; o kadar aşmıştım ki, maço erkeğe boynunu eğen kadın olmayayım diye; öbür uca gidip, ben Kadir İnanır olmuştum.

İşin komiği ben pilav yemeyi severim ama yapmayı da, yedirmeyi de severim aslında.

Peki bu, "Çok para kazanayım da kocam evde oturup pilav yapsın" kafası nasıl oluştu?

Her konuda yaptığımız gibi, ben de ebeveynlerime çamur atarak bu konuyu açıklamayı çok isterdim: "Annem yemek yapmayı öğrenmemizi istemedi. Ev işlerine dadanırsak okumazdık. Bizi okuldan uzaklaştıracak her şeyden uzak tutulmalıydık."

Annem, üniversite için Ankara'ya gidene dek yemek pişirtmedi bana. O yüzden, üniversite yurdunda tam bir yıl tavada yumurta pişirmeyi bile beceremedim. Bir sene, yumurta ya vıcık vıcık yağlı oldu ya da yanık. Bazen de, hem vıcık yağlı hem de yanık yapmayı başarıyorduk. "Biz" diyorum, zira ODTÜ 3. kız yurdundaki diğer arkadaşlarım da, en az benim kadar başarısızdılar yumurta konusunda. Belki yeteneksizdik ama tek gözlü elektrikli ocağın ve alüminyum tavaların hiç mi günahı yoktu? Bence kesin vardı.

Peki yumurta pişirmeyi bile bin bir zorlukla öğrenen biz genç kadınlar ne yapıyorduk? Mühendislik okuyorduk. Bir de boş zamanlarımızda kendimizi zorlayarak felsefe kitapları... Oysa içimizden gelen –en azından benim içimden gelen- romanlar okumaktı. Fakat roman okumak ODTÜ'de pek de matah bir şey sayılmazdı. Lisedeyken annemle babamdan gizli gizli okuduğum Lady Chatterley'nin sevgilisi gibi romanlardan –ki feci erotik bir romandır kendisi- evde olduğu gibi ODTÜ'de de bahsetmek ayıptı. Çünkü, roman okumak boş işti; sonuç odaklı değildi ve daha da önemlisi işlevsel değildi.

Ben de işte böyle içimi gıcıklayan romanlar okumak varken, Hegel okumaya zorluyordum kendimi.

Yani sorun annemde de değildi. İçinde bulunduğum her ortam; ilkokul, ortaokul, lise, üniversite hepsi; erilin dişilden daha iyi olduğunu, bize hem açık hem de gizli bir şekilde dayatıyordu. Annem, o yüzden, mutfağın o keyifli, zevkli, büyülü dünyasına alışmamı istemiyordu.

İki üç sene kadar sonra yurttan eve terfi ettim. Artık romanlarımı gizli gizli okumak zorunda değildim. Romanların yanında 90'lı yılların feminist dergisi Pazartesi'yi okumayı çok severdim. Zaten ben de feministtim ve her pazartesi sabahı erkenden evden çıkıp, Emek 4. Cadde'deki o küçük gazete büfesinden dergimi alırdım.

O dergide de, feminist teori makalelerinden çok, gerçek kadınların gerçek hikayelerini okumayı severdim. Çocukları için işini bırakıp, sonra da kocası tarafından terk edilen kadınların, kendi ağızlarından hikayelerini. İşlerini bırakan ve ilerleyen yaşlarında iş deneyimleri olmadan ortada kalan kadınların bu hikayelerini okudukça pek korkardım. Dünyanın güvenilmez bir yer olduğunu zaten çocukluktan itibaren öğrenmiştim, Pazartesi de destekledi bu öğretiyi. Böylece, kimselere yaslanmamam, her zaman "bağımsız" bir birey olmam gerektiği kafama iyice kazınmış oldu.

Feminizmin, kadının içindeki dişiliği değil erilliği geliştirmeye yönelik bir hareket olduğunu sonradan anladım. Sanmayın ki feminizmi eleştiriyorum. Aksine tüm kadın hareketlerine şükran borçluyum. O hareketler sayesinde ben bugün kendi işimi yapabiliyorum. Kendi hayallerimin, hedeflerimin peşinden gidebiliyorum. Kadınların eril taraflarını geliştirebilmesini çok önemsiyorum. Zira ancak erilimiz gelişkin olduğunda, dişilimiz de sağlıklı olabiliyor.

Yine, kadın hareketi sayesinde, -ya da onların yüzünden demeliyim belki de- "en bir erkek" mesleği olarak görülen mühendislik okudum. Mühendislik en eril ve hâliyle toplum tarafından en değerli görülen mesleklerden biridir. Mühendisliğin bana hiç mi hiç uygun olmadığını, daha birinci sınıfta anlayıp bunalıma girdim. Okulu bir sene uzattım ve neredeyse yirmi sene rüyalarımda okulu aslında bitiremediğimi, diplomamın aslında olmadığını, okula tekrar dönmek zorunda olduğumu gördüm. Bu kâbuslardan uyandığımda, kalbim sıkışmış olurdu. Okulu zar zor da olsa bitirmiş olduğum gerçeğine dönünce derin nefesler alırdım.

Hâliyle okul bitince mühendislik yapmadım; neredeyse hemen, pazarlama ve satış pozisyonlarında çalışmaya başladım. Satış en azından insan ilişkilerini de içeren bir meslek olduğundan, dişil tarafımı kısmen de olsa besliyordu. Ama satışta da hedef baskısı vardı. Ne olursa olsun, o projeler çeyrek sonunda satılacaktı. Bir de bunun üstüne hedefler sürekli yükselirdi. Satıyorsan daha çok, daha çok satıyorsan daha daha çok satman lazımdı. Eğer başarılı olmak istiyorsan, duygularını ve dişiliğini bastırman gerekiyordu.

Ben eril tarafımı geliştirirken, içimdeki dişil de ara ara, alttan alta kendini gösteriyordu. Zaten hayatım boyunca, kadın arkadaşlarımla daldan dala atlayan muhabbetlerimizi; ruj rengini konuşurken, hayatın anlamına atlamayı, oradan da birbirimizi ne kadar çok sevdiğimizi söyleyip ağlamamızı hep sevdim. Ama içimdeki dişil Ankara'dan İstanbul'a döndüğüm dönemde -belki de annemin dişil etki alanına tekrar girdiğimden- kendini bir parça gösterecek oldu. Kırmızı saten bluzlar, kadife uzun etekler, parlak elbiselerle işe gittim. Ama bir yandan da fark ediyordum ki, iş hayatında ciddiye alınmak istiyorsan ve dahası kadınsan; bir de yaşın da otuzun altındaysa, daha ciddi giyineceksin, daha ciddi görüneceksin. Öyle çok cilveli, neşeli espriler yapıp affedersiniz, "karı gibi" de gülmeyeceksin.

Yeni başladığım bir şirkette, aynı doküman üzerinde çalışan mühendis arkadaşlara, Microsoft Word'de "değişiklikleri izle" özelliğini gösterdiğim bir gün, arkamdan "Vay be, güzel değilmiş sadece" dediklerini duymuştum. Yine aynı şirkette başka bir mühendis -ve erkek- arkadaş, sorularıma "Sen o güzel kafanı bunlara yorma" demişti. Yalnız bunları söyleyenleri bıyıklı maço erkekler olarak düşünmeyin. Çoğu, sohbetinden keyif aldığım, iş dışında da görüştüğüm arkadaşlarımdı. Ama o zamanlar "Ben bu sözlerinizi kafama takıyorum ve canım da yanıyor bayağı" demek aklıma bile gelmemişti.

Ortam buydu. Eğer başarılı olmak istiyorsam ortamın gerekliliklerine uyum sağlamalıydım. Akıllı görünmekle güzel görünmek çelişiyorsa, ben de gri, siyah takımlar giyerdim. Renklerim hem dışarıda hem de içeride giderek ciddileşmeliydi. Yumuşak değil sert olmalıydım. Geyik muhabbetine vaktim olamazdı. Naif, kırılgan taraflarımı göstermek mi? O da neydi? Ben her daim güçlüydüm. Birlikte çalıştığım tüm erkeklerden de güçlüydüm.

Ve başardım...

Erkeklerin saygı duyduğu bir kadına dönüşmeyi başardım. Bir kriz olduğunda aranacak o en sakin, o en güçlü insan bendim.

Nasıl Kadir İnanır olduğuma

hâlâ şaşırmıyorsunuz değil mi?

Biz modernleşip çağdaşlaşırken öbür uca gittik: Kadın eril oldu; erkek de dişil. En azından evde dişilleştiler. Adam isterse CEO olsun, evde "Ben bilmem karım bilir" dedi. O kadar akıllı olmayan erkekler ise evdeki Eril Beril'lerle kavga etti.

Peki, burada ne sorun var?

Özümüzü gerçekleştiremiyoruz. Özümüzü yaşayamıyoruz.

Kurumsal hayatta deli gibi yaptığım seyahatler, aldığım elbiseler, çantalar, içki ve yemekler ile dolduramadığım bu boşluk; kurumsal hayatı bırakınca da dolmadı. Çok ama çok severek koçluk ve eğitmenlik yapmaya başlamıştım. Ancak bu yeni mesleğimi yaparken de çılgın gibi çalışıyor, oradan oraya koşturuyordum.

Ve bir gün öyle bir an geldi ki, artık koşturmak istemediğime karar verdim.

Evin geçim sorumluluğunu da taşımak istemiyordum. Artık kocama yaslanmak istiyordum. En azından böyle diyordum. Aslında, kendini kimseye teslim etmek istemeyen parçam, hâlâ orada duruyordu. Ben farkında değildim.

Mağaraya çekilmek istiyordum. Orada, sessizlik ve karanlıkta kendimle kalmak istiyordum.

Çekildim de... Seanslar da eğitimler de giderek azaldı.

Yavaşladım, oturdum, kendimle kaldım.

Ve orada "Malefiz" karşıladı beni...

Yıllardır bastırdığım; güzelliğini karanlığından, yıkıcılığından ve vahşiliğinden alan Malefiz.

Malefiz yıktı geçti beni. Bana sadece o kontrollü, sakin, dingin kadından ibaret olmadığımı gösterdi.

Bende olmadığını zannettiğim ne kadar duygu varsa, hepsi ortaya çıktı. Öfkeliydim. Öfkeyi senelerce başarıyla bastırsam da en azından uzaktan tanıyordum. Ama şimdi bir de başıma nefret çıkmıştı. Varlığından bihaber olduğum, yeşil bir top şeklinde, kısacık kolları olan, yapışkan, sümüksü bir nefret yaşıyordu içimde. Karanlık bir zindanda, parmaklıkların arkasındaydı; ağzının olduğu yer kapalı, içine bağırıyordu.

Bu duyguları tabii ki kocama da yansıttım. Ben ona öfkelendikçe o da bana öfkelendi. Malefiz, "Ne modern, ne ideal çiftiz" yanılsamasının altında; üzerine aşırı sorumluluk alan, her şeyi kontrol altına almak isteyen, bu yüzden nefesini tutan, bu yüzden omuzları her daim tutuk bir kadın, kadın görünümü altında bir eril, bir erkek olduğumu gösterdi bana.

Malefiz evliliğimi de -bildiğim hâliyle, evliliğimi de- yıktı işte böyle.

Gölgelerden çıkan yıkıcı dişili kocam pek sevmedi.

Bir süre sonra, yıkıntıların içinden, korkan bir çocuk çıktı: suskun bir çocuk. Dişil olmanın tehlikeli olduğunu öğrenmiş bir çocuk. Kırmızı fırfırlı eteğiyle saatlerce dans etmek isteyen, ama dans etmenin değil matematikte başarılı olmanın değerli olduğu öğretilmiş bir çocuk.

Bu çocukla bağlantımı kaybedeli çok olmuştu.

Galiba dokuz yaşındaydım. Şimdi Çırağan otelinin olduğu yer, ben çocukken havuzdu. Akşamları konserler olduğu için sahne gündüz boş olurdu ve biz çocuklar orada dans ederdik. Bir gün kendimden geçmiş hâlde göbek atarken, çok sevdiğim teyzelerimden biri gelip, sahneden indirdi beni.

"Erkek çocuklar gözlerini dikmiş, sana bakıyordu" dedi.

Böylece dans, sadece içki içilen ortamlarda ettiğim, orada da aslında kendimi bırakarak değil, nasıl algılandığımı sürekli kontrol ederek yaptığım bir faaliyete dönüştü.

Ben, o dans etmek isteyen, ışıltısını tüm dünyaya göstermek isteyen İçimdeki Çocuk'u bastırıyordum yıllardır. O çocuk hissediyordu o öfkeyi, o nefreti, o sıkışmaları...

Yetişkin halimle içimdeki çocuğa şefkatli bir ebeveyn olmayı öğrendim.

Öğrendim ki, içimdeki çocuk kendini nihayet güvende hissetsin.

Ve Afrodit'im tüm ihtişamıyla, tüm görkemiyle çıkabilsin.

O ışıltılı, o cilveli, o neşeli, o coşkulu parçam çıkabilsin.

İçimdeki Çocuk'un öfkesini, nefretini, acısını kabul ettikçe neşe geldi. Coşku ve huşu geldi.

Doğamda olan, doğamızda olan, Afrodit çıkageldi.

Bizim doğamızda dans etmek var.

Arkadaşlarımızla kıkır kıkır gülmek var. Gülerken hüzünlenebilmek var.

Parmaklarımızla yemek yerken, gözlerimizi kapayıp kendimizden geçmek var.

Doğamızda kalbimizi açmak var. Çok acı çekerken bile... Ya da tam da çok ama çok acı çektiğimiz için, kalbimizi açmak var.

Sezgilerimizi, bizim için neyin iyi olduğunu söyleyen karnımızın sesini dinlemek var.

Tüylerimiz ürperdiğinde, neyin ne olduğunu ta derinlerden bilmek var.

Doğamızda ışıldamak var.

Ve teslim olmak var... Tanrı'ya, evrene, hayatımızdaki erkeğe... Olana teslim olmak var.

Ah evet, doğamıza dönüş bir günde olacak bir şey değil.

Ve bir varış noktası yok.

Bu kitaba çekildiğine göre sen de bu yolculuktasın.

İyi ki bu yola çıktın...

İçindeki Malefiz'le, İçindeki Çocuk'la ve İçindeki Afrodit'le temasa geçtikçe, attığın her adımda daha çok hissedecek, daha çok canlanacak, daha çok yaşayacaksın.

Hoş geldin!

ERİL VE DİŞİL

Eril ve dişil ne mi? Psikiyatr Carl Gustav Jung yüz küsur yıl önce diyor ki "Kadının içinde eril, erkeğin içinde de dişil var."

Daha önceleri eril özelliklerin sadece erkeklerde, dişil özelliklerin sadece kadınlarda olduğu düşünülüyor. "Bu özellikler iki cinste de bulunabilir ve geliştirilebilir" demek; hayli devrimci bir düşünce!

Eril tarafa giren özellikler ne mi? Hedefe odaklanma, sonuç odaklılık, geleceğe yönelik plan ve program, kontrol etme, disiplin, zihin, rekabet, rasyonel, lineer ve mantıklı düşünme, bağımsızlık.

Dişil tarafta neler var? Duygular, bedendeki duyumlar, sezgilerimiz, ilişki kurmak, o ilişkileri büyütmek, işbirliği, dayanışma, irrasyonel düşünme, sabır, şefkat, anda kalabilmek, olanla olabilmek, olana teslim olabilmek.

Jung, kadındaki eril özelliklere Animus, erkekteki dişil özelliklere de Anima diyor. Ben "Jungcu Koçluk Eğitimi" alsam da, bu terimler yerine eril ve dişil demeyi tercih ediyorum. Hem basiti sevdiğimden hem de bu terimlerde de 19. yüzyıl cinsiyetçiliği sezdiğimden...

Bu kitapta, Eril ve Dişil'e ek olarak, Afrodit, İçimdeki Çocuk, İçimdeki Ebeveyn gibi kavramları sıklıkla duyacaksın. Tüm bu kavramlar, aslında birer metafor (benzetme) tabii ki. Gerçekte tabii ki biz bütünüz.

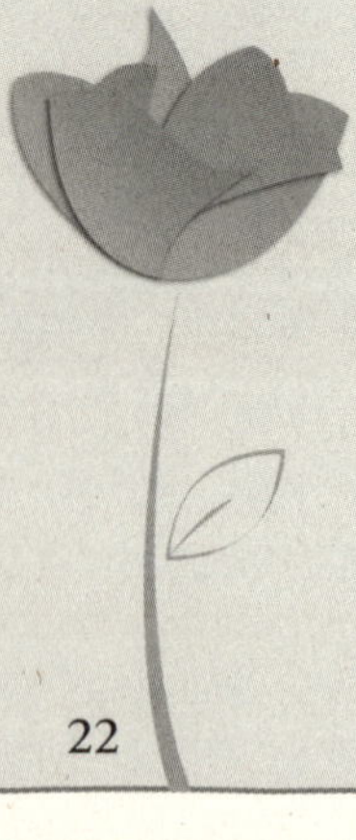

Öte yandan bu metaforlar; davranışlarımızı, düşüncelerimizi, duygularımızı daha iyi anlamlandırmamıza hizmet ediyor. Buna hizmet ettiği sürece kullanalım, ama "benim bu özelliğim tam olarak nereye giriyor" diye zihinde kalmaların tuzağına da kendimizi kaptırmayalım.

Bu Kitabı Nasıl Kullanabilirsin?

Bu kitap, Dişil Özüne Yolculuk'ta sana pratik bir rehber olması için tasarlandı.

Kitapta kendi yolculuğuna destek olabilecek bolca alıştırma var. İstersen, sadece okuyabilirsin; istersen alıştırmaları yaparsın. İstersen alıştırmaları sırayla yaparsın; istersen sırasız.

Neyi seçersen seç, keyif almayı unutma...

Bu okumadan hem zevk almayı hem de uygulamaları daha verimli hâle getirmeyi nasıl başarırım, diyorsan sana bir video hazırladım.
Linki burada:

Dişiliğin özünde dayanışma, işbirliği ve bağlantı var. O yüzden, kitaptaki alıştırmaları yaparken ne hissettiğini, ne fark ettiğini yakın kadın arkadaşlarınla paylaş. Hatta ikili, üçlü, dörtlü gruplar oluşturun. Kitaptaki alıştırmaları uyguladıktan sonraki farkındalıklarınızı ister çay, ister şarap, ister su eşliğinde; oturup keyifle konuşun.

Bu yoldaki birlikteliğimizi büyütmek için aşağıdaki **#içimdekiafrodit** etiketi ile kendi yolculuğunu paylaşmanı rica ediyorum. Kitabı okurkenki ortamını, çalışmalar için aldığın defterini, farkındalıklarını, kendi sürecinde yaşadıklarını; içinden neyi paylaşmak geliyorsa bu etiketle paylaşmayı unutma ki, birbirimizden güç alabilelim.

Ve sevgili erkekler,

Bu kitabı sizin de okumanızı çok isterim. Sizlerin kadın dünyasını anlamaya yönelik hevesinizi bildiğimden, bu arzum zaten yerine gelecektir diye düşünüyorum.

Kitabın hem hayatınızdaki kadınların yaşadığı süreçleri daha iyi anlamlandırmanıza; hem de içinizdeki dişili geliştirmenize faydalı olacağını umuyorum.

Hepinize keyifli okumalar dilerim.

ÇERÇEVE

ÇAY RİTÜELLERİ

"Sıcak mermerin üzerinde yatıyorum. Bacaklarımı tam değdiremiyorum önce, çünkü çok sıcak. Sonra sıcağa alışıyorum. Bacaklarım milim milim iniyor göbek taşının üzerine. Gövdemi de bırakıyorum. Daha da, daha da ağırlaşıyor vücudum. Vücudumu mermere bir külçe gibi bırakıyorum. Kubbedeki yıldız ve yuvarlak şeklindeki minik camlardan içeri ışık giriyor. Tavandan yüzüme minik su damlaları düşüyor. Normalde irkilirim, irkilmesem de gayriihtiyari silerim. Gözüme düşen damlalarda bile öylece duruyorum.

Tüm bedenim ürperiyor. Ürperiyorum. Gözümden bir top gözyaşı sola doğru akıyor. Hislerimi tarif edeceğim ama kelimeleri bulamıyorum. Zaten burada kelimeler yok galiba. Zaman da yok. Bir kadın yanıma gelip, "Artık sizi keseye alalım." dediğinde hüzünleniyorum. Bana bir dakika gibi gelen sürede yirmi beş dakika geçmiş. Hani ben bir şey yapmadan kendimle kalamazdım?"

Seneler önce bir pazartesi günü sabah erkenden Karaköy'deki

tarihî Kılıç Ali Paşa Hamamı'na gittim. Tanrının bir hediyesi olmalı; koskoca hamamda tek kişi bendim. Göbek taşında yatarken yaşadığım bu anı tarif etmek için huşu, aşk, kaynakla bir olma gibi kelimeler aklıma geliyor. Ama bir yandan da bu tanımların o ana ayıp ettiğini de düşünmüyor değilim.

Hem Batı hem de Hint tıbbı doktoru Judith Aarstma ile bu deneyimimi paylaştığımda, yaşadığımın bir meditasyon deneyimi olduğunu söylemiş; "Biz kadınlar, zihinsel meditasyonlardan çok, bedenimizi ve bedensel duyumlarımızı içeren yöntemlere yatkınız." demişti. Ne yaşadığımı anlamlandırması bana iyi gelmişti, aynı zamanda "Sorun bende değilmiş" diye düşünüp sevinmiştim. Zira o sırada, sandalyede mantra[1] tekrarlayarak meditasyon yapmak için kendimi zorluyordum. O sandalyeye oturasım da bir türlü gelmiyordu.

Judith'e katılıyorum. Rahatlamak, gevşemek, anda olmak, zihnimizin sakinleşmesi, meditasyon. Tüm bunlar için, bedensel duyumlarımızla temasta olmamız, biz kadınların işini kolaylaştırıyor.

Tabii Kılıç Ali Paşa Hamamında tek olmayı da beklemeyelim. Yaşadığımız deneyimin illaki pek şahane, pek mükemmel olmasını da. Kendimizle bağlantı kurmak için, anda olmak için ya da sadece bir parça gevşemek için kendimize minik anlar, minik ritüeller yaratalım.

Bu kitapta bu Afroditsel ritüellerin bahsi sıkça geçecek. İşte bunların ilki de çay ritüelleri. Eh o zaman bu kitabı da öyle kuru kuruya okumasan mı? Ne dersin?

---

1 Mantra: Meditasyonda konsantrasyona yardımcı olması için tekrarlanan kelimeler ya da sesler.

Türkiye'de "çay" deyince aklımıza sadece "siyah çay" geliyor. Siyah çay da içelim tabii de; şöyle renkli, mis kokulu başka çayları da denesen mi acaba? Tabii bitki çayı deyince de, çoğumuzun aklına o fincanda bekledikçe acılaşan poşet yeşil çaylar geliyor. O iğrenç şeylerin hazla ne ilgisi olabilir diye düşünüyorsun belki şu anda. Haklısın. Benim aklıma ise; hem tatları, hem renkleri, hem kokuları ile içimizi açan, ruhumuza iyi gelen ve yaşam sevincimizi artıran o şahane bitki çayları geliyor. Tabii sunum da bir o kadar önemli. Uzakdoğu'da çay içmenin "zen" bir ritüel olması, sadece çayların ve demlenmesinin kalitesi ile değil, sunumuyla da ilintili.

Hayatımıza yavaşlığı, keyif ve hazzı dahil etmek için "bitki çayı ritüelleri" yaratmaya ne dersin? Ve buna bu kitabı okurken başlamaya ne dersin? Alıştırmalarını tatlar, kokular ve renkler eşliğinde yapmaya? Cevabın "Madem o kadar ısrar ettin e hadi bir deneyelim," ise sana küçük tüyolar vermek isterim.

Çay seçimi

Melisa, papatya, ıhlamur ve rooibos. Bunlar seni gevşeten çaylar. Yeşil çay, adaçayı, tarçın, portakal, elma ve zencefil. Bunlar ise seni uyandıran çaylar. Bir de ısıtan ve soğutan çaylar var: Zencefil ve karanfil ısıtır mesela. Limon ve nane soğutur. Ve gül... Ah o gül! Kalp çakramıza en iyi gelen çaydır. Ben genellikle yeşil çay ile başka bir çayı karıştırarak güne başlarım. Mesela karanfil veya tarçın. Bazen de sabah olmasına rağmen hafif telaşlı bir ruh hâlim olur; o zaman mesela yeşil çaya ıhlamur katarım. Eğer kalbimi açmak istiyorsam o zaman gülü çeşitli çayların içine katıveririm. Hangi çayı içeceğime bedenim karar verir. Ki bu seçimi yapmak bile bedenimle ilişkiye geçmek için harika bir yöntemdir. O an kaygılı mıyım yoksa enerjimin yükselmesine mi ihtiyacım var? Bunu fark etmek ve sonra bedenimin beni yönlendirmesine izin vererek güne başlamak pek güzeldir.

Ama ben bu çayları pek bilmiyorum." diyorsan, sana işin piri Emrullah Söğüt ile beraber harika bir video hazırladım.

Buyur seyret.

Çayın demlenmesi

Bitki çayları alıştığımız klasik siyah çay gibi uzun uzun demlemeye gelmez. Hele kaynar suya hiç gelmez. Bitki çaylarına "Iyyy, iğrenç!" dememizin altında yatan esas neden de budur. Acılaşır çay, aromasını yitirir.

Aşağıda hangi çayın ne kadar süreyle, kaç derece sıcaklıkta demlenmesi gerektiğini bulabilirsin.

Ben bu iş için sıcaklık ve demleme süresini ayarlayabilen bir alet kullanıyorum. Eğer böyle bir aletin yoksa demlik içine süzgeç koymalı ve dakika tutmalısın. Dakika dolduğunda süzgeci demlenen çayın içinden çıkarmalısın ki çay acılaşmasın. İkinci bir yöntem ise çay demlendikten sonra ikinci bir demliğe aktarmak. Tabii, yine dakika tutmalısın. Bu sayede çayın acılaşmayacak; tüm tadını ve rayihasını koruyacak.

Çay Listesi

Siyah Türk çayı	100°/15-20 dakika
Siyah Çay	98°/3-5 dakika
Oolong Çayı	90°/2-3 dakika
Yeşil Çay	80°/2-3 dakika
Beyaz Çay	80°/4-5 dakika
Rooibos Çayı	98°/4-6 dakika
Meyve Çayları	90°/4-5 dakika
Nane çayı	80°/4-5 dakika
Gül çayı	85°/4-5 dakika
Papatya	85°/4-5 dakika
Ihlamur	85°/4-5 dakika

Çayın Sunumu

Marie Kondo metodunu uygulayarak (Bkz. sayfa 165), evimi -aslında hayatımı ve kendimi- sadeleştirmeden önce; demlikler, fincanlar, kupalar, dolaplarda üst üste duruyordu. Öyle olunca da "bir çay içeyim" dediğimde elime hangi bardak, hangi kupa geliyorsa çayımı onunla içiyordum. Zaten koştururken bir de "keyifli sunum" hazırlamakla mı uğraşacaktım?

Şu anda ise evimde sadece bana keyif veren eşyalar var. Elim bir fincana gittiğinde o fincanın bana keyif ve haz vereceğini biliyorum.

Senin de eğer büfelerinde dokunulmayı bekleyen şahane demliklerin, fincanların, kupaların varsa onları kullanıma almanın zamanı gelmiştir bence. Emin ol, çayını onlarla içerken kendini çok daha özel, çok daha "Afrodit" hissedeceksin.

Şimdi ister daha Avrupai bir kahve fincanı olsun elindeki, ister anneannenden kalma o çiçekli demlik, istersen Uzakdoğu'nun birbirinden renkli motifleriyle işlenmiş el işlemesi kap... Önemli olan, senin o gün hangi eşyanın sana eşlik etmesini istediğin. Sonra da keyifli kupalar, keyifli fincanlarda; koku, tat, görme duyularının farkında olarak iç çayını.

Keyfet.
Rahatla.
Gevşe.
Yavaşla.

Aşka Davetlisin

Sana davetim, bu kitabı Afrodit'inle buluşmak için okuman.

İlişkiler konusu aklına gelecek elbet. Belki ne zamandır sevgilin yoktur, "ah" diyorsundur, "ruhumun eşi gelsin artık." Belki de senelerdir evlisin: "benim tekrar aşık olmak umudum zaten yok da, en azından ilişkimiz bir parça düzelsin." diyorsun. Belki de adı konmamış bir ilişkinin içinde, belirsizlikle mücadele etmektesin.

Ama gel, önce bir kendi içimize dönelim.

Önce kendimiz aşkı keşfedelim.

Afrodit'imizi çıkarmak için kendimize izin verelim.

Aşk, bizim başımıza gelen bir şey değildir.

Aşk, Afrodit'imizin her gün yaptığı bir şeydir.

Bunu biliyorsun.

Bunu hep biliyordun.

Ve sen her gün "Aşk" olduğunda, her gün Aşkın kendisi olduğunda, o zaman sana çekilecek dünya.

Yok, bunu beklediğin için değil...

Tam da beklemeye artık gerek duymadığın için.

Senin ışığına, senin parıltına ve senin aşkına çekilecek kadınlar, çocuklar ve erkekler...

Sen Aşk yapmaya, Aşk olmaya davetlisin.

Ne dersin?

İçinde nicedir bekleyen o Aşkı çıkarmak için kendine izin verebilir misin?

Kendime Not

Kendime Not

Doğamızda Ne Var?

"Arkadaşımızın kızı 7 yaşında. İsmi Defne... Yemek yerken dikkatim ne kadar yavaş yemek yediğine çekiliyor. Ağır ağır, keyfini çıkara çıkara yiyor yemeğini Defne; parmaklarıyla yiyor. Her lokmanın tadına acele etmeden bakıyor, sonra bana bakıyor, sonra tekrar tabağına bakıyor... Sanki her lokmasında ne yiyeceğini bilinçle seçiyor. O kadar farkında olarak yemek yiyor ki...

Sonra ormana yürüyüşe gidiyoruz. Yürüyüş yolundan dışarı çıkıyor. Ağaçların arasında dolanıyor, yerdeki minnacık meşe palamutlarını ceplerine dolduruyor, mantarları büyük bir hayranlıkla seyrediyor. Ve sürekli gülümsüyor. Annesi, "arkamızda kalma." diyor, onu kaybetmekten korkuyor. "Hızlı yürür müsün lütfen Defne" diyor. Biz yetişkinler, hızlı ve parkuru bitirme odaklı olarak yürüyoruz. Defne ise arkada kalıyor, acelesi yok.

O, keyfini çıkarıyor.

Ağaçların arasındaki yürüyüşüne beni de davet ediyor. Biz ağaçların arasında kaybolurken artık diğer yetişkinler rahat, kendi yürüyüşlerine devam ediyorlar. Cebinden birbirine yapışık üç meşe palamudu çıkarıp küçük avucunu açarak topladıklarını bana gösteriyor, "Bunlar aile," diyor. "Sence hangisi anne, hangisi baba?"

Durmadan sorular soruyor Defne. Benimle ilgili de sorular soruyor, sanırım doğayı olduğu gibi beni de tanımak istiyor. "Şarkı söylemeyi sever misin?" diyor. Evet diyorum ve beraber şarkı söylüyoruz. Ayrılırken sıkıca sarılıyor bana. Ve sanırım kokluyor beni."

"Dişil olmak" deyince çoğumuzun aklına ilk gelen; bakımlı, makyajlı ve seksi görünmek. Benim aklıma gelen ise evcilleştirilmemiş, eril yolculuğuna henüz başlamamış, kendi parıltısını dış dünyaya kapatmayı henüz öğrenmemiş kız çocuklarının bu hâlleri... Bu çocuklardan öğrenecek çok şeyimiz olduğuna inanıyorum. Dişil özümüze yolculuk, bir dönüş yolculuğu. Defne gibi henüz ataerkil dünya tarafından şekillendirilmemiş çocukların doğal hâllerini gözlemlemek ve onları taklit etmek, bize bu yolda rehberlik edebilir.

İlk alıştırmana hazır mısın? Kitabı nasıl kullanabileceğine dair videoyu seyrettin inşallah. İçini şenlendiren bir defterin ve renkli kalemlerin de var o zaman... Kendine nasıl bir ortam hazırlayabileceğini de biliyorsun.

Peki ya çayın? O da hazır mı? Harika! O hâlde başlayabiliriz...

Alıştırma:

1) Belki bir kızın var. Belki yeğenin, belki de arkadaşının kızı. Bu kız çocukları ne yaparlar? Aşağıda benim gözlemlerim var. Bunların hangilerini sen de gözlemliyorsun? Defterine not al.

- Hikâyeler uydurmak, hikâyeler anlatmak, hikâyeler dinlemek.
- Sorular sormak.
- Şarkı söylemek.
- Dans etmek.
- Yavaş hareket etmek.
- Yavaş yemek yemek, parmaklarıyla yemek yemek, parmaklarını yalamak.
- Renk sevmek, renkli giyinmek.
- Spontane hareket edebilmek.
- Kendini çok güzel bulmak.
- Kıkır kıkır gülmek.
- Kendisini üzen, sıkan, öfkelendiren konuları rahatlıkla paylaşmak.

2) Bu listeye sen de eklemeler yapmak ister misin? Bu çocuklarda başka neler var? Bunları da defterine yaz.

3) Şimdi git bir ara ver. Kendine bir gül çayı demle. İstersen çayını içtikten sonra, istersen birkaç saat sonra defterine tekrar bir bak. Yazdıklarını okumak sana ne hissettirdi? Seni nerelere götürdü? Bunları da defterine yaz.

4) Son olarak, bu alıştırmadaki özet farkındalıklarını da buraya not olarak al.

Kendime Not

Kendime Not

ÇERÇEVE

Bu Erkeklerin Nesi Var Peki?

- Bu erkeklerin nesi var? Bu modern çağda?
- Bu dönemde erkekler daha dişil sanki? Hem sosyal hem de cinsel yaklaşım açısından. Sizce de öyle değil mi?
- Neden hep biz, şöyle böyle olmalıyız ki? Neden onlar bizi kazanmıyor da biz çırpınıyoruz?

Anonim

Bu sorular, Instagram'da her soru-cevap yaptığımda farklı formatlarda geliyor. Kadın sohbetlerinin de önemli bir kısmı "erkekler/sevgilim/kocam neden böyle" üzerine.

Bu da çok doğal. Biz kadınlar için ilişki önemli. İşimiz gücümüz ne kadar iyi giderse gitsin, ilişki önemli. Dişil olmanın doğasında ilişki var zira. O yüzden de bazen telefonda, bazen çay içerken, bazen de yemek, şarap eşliğinde; ilişkilerimizin, ya da ilişkimizin olmayışının, ya da eski ilişkilerimizin, muhabbetimizin hatırı sayılır bir kısmını oluşturması gayet normal.

İlişkilerimiz istediğimiz gibi gitmediğinde İçimizdeki Çocuk yorulur, hassaslaşır, umudunu kaybeder. Bazen o kadar kaybeder ki umudunu; kendini dünyaya kapatır.

İçimizdeki Çocuk'a şefkat gösterecek, onu koruyup kollayacak ebeveyni geliştirmediğimizde, Çocuk ebeveynliği sevgiliden bekler. Sevgilinin içindeki Çocuk da bizden... Bu kısır döngü içinde kaldıkça da Çocuk hırçınlaşır, küser. Sevgilimizle olan ilişkimizde; Çocuk'tan değil, Afrodit'ten ilişki kurmamız gerekir. Ama bunu ancak Çocuk'umuz kendini güvende ve sevgi dolu hissediyorsa başarabiliriz.

İlişkide ben ya da sen yoktur. Ortak bir frekans vardır. Senin frekansın değiştiğinde ya karşındakinin frekansı değişir ya da senin yeni frekansına uygun biri çıkagelir karşına. Bunun böyle olduğunu sezgilerimizle biliriz. Ama "İçimizdeki Çocuk" yoğun duygular hissettiğinde karşı tarafı -ya da kendimizi- suçlamaktan kendimizi alamayız. Suçlamak, çocukken öğrendiğimiz bir yöntemdir. Keşke suçladığımız insanlar biz suçladıkça düzelselerdi. Böyle olmadığını bilsek de bu davranışı sürdürürüz.

İçimizdeki Çocuk ile şefkatli bir ilişki kurabildiğimizde, suçlamaya otomatik bir tepki olarak başvurma ihtiyacımız azalır. O zaman da dişil özümüze geri dönebiliriz.

İçimizdeki Afrodit, "Bu adam düzelecek mi?" ya da "Doğru adam bir gün gelecek mi?" soruları ile ilgilenmez.

"Tam da şu anda içimdeki sevgiyi nasıl büyütebilirim?"

Afrodit'in sorusu budur.

Bazen sevgiliyle birlikteyken, bazen sevgilisiz anlarda, bazen acısına rağmen kalbini açarak; bazen keyif ve hazzı büyüterek yapar bunu.

Aşk, bizim başımıza gelen bir şey değildir.

Aşk, Afrodit'imizin, her gün yaptığı bir şeydir.

Bunları söylemiştim değil mi?

Ve sen de -inşallah- Aşka Davet'e, "evet" demiştin.

Bir sonraki bölümde kendinle kontrat yapacaksın. Kontratını yaparken, erkeklerle olan ilişkinden önce kendinle, kendi Afrodit'inle ilişkini düşünebilir misin?

Ne dersin? Kontrat yapmaya hazır mısın?

Kendimle Kontrat

"Afrodit, Banu Alkan'dan gördüğüm kadarıyla, parmak uçlarında yürüyüp şuh kahkahalar atmak olarak aklımda kalmış. Önce onu bir temize çekmem gerekecek sanırım."

BUSE

İster bu kitabı sadece oku, ister alıştırmaların hepsini yap. Sana önerim bu kontrat çalışmasını yine de yapman.

"Kontrat mı? O da ne?" ya da "Neden böyle bir şeye gerek var ki?" diyebilirsin. Bu kitabı okuduğuna göre "İçindeki Afrodit"i ortaya çıkarmak istiyorsun. Daha doğrusu içindeki bir parça bunu istiyor. Ama bir yandan da mevcut hâlini korumak isteyen bir parça da var içinde. Bunu da biliyor olmalısın.

Dönüşüm süreçlerinde içimizde doğal bir direnç olur. Bir yandan değişmek istediğimizi söylerken diğer yandan değişemememiz ya da değişimde zorlanmamız bu dirençten kaynaklanır.

Dediğim gibi, bu doğaldır. Yapmamız gereken şey, "Ben niye böyleyim? Allah kahretsin beni!" demek yerine, içimizde birbiriyle anlaşamayan "İnsancıkları" bütün çıplaklığıyla görmek için kendimize izin vermektir.

Bu kontratı bunun için yapıyoruz. Direncimizi bastırmadan net olarak görelim. Sonra da bu dirençle ne yapabiliriz diye bilinçli olarak karar verelim.

Hazır mısın? Aşağıda kontratı göreceksin. Ama dur, sakın hemen doldurmaya başlama. Öncesinde güzel bir alıştırma seni bekliyor.

Örnek Kontrat:

Ben Gülen.

1) *Bu çalışmada Afrodit'imi keşfetmeye, onu tanımaya niyet ediyorum. Bunun için de meraklı ve yargısız olmaya, tıpkı bir çocuk merakıyla kalabilmeye niyet ediyorum.*
2) *Her şeyi anlamaya, her duygumu kategorize etmeye, her şeyi anlamlandırmaya çalışarak kendime engel olma ihtimalim olabilir. Yani salt zihnimle anlamaya çabalayarak, duygularıma temas etmekten kaçınarak kendime engel olma ihtimalim var.*
3) *Buna karşı uyanık olabilirim. Alıştırmaları okurken ve belki aralarda da kendimi kontrol edeceğim. "Duygularımla temas içinde miyim?" diye bakarak ve kendimi tekrar çocuk merakına getirerek, bu engelimle başa çıkacağım.*

Kendinle kontratı yaparken aşağıdaki sorular sana ışık tutacak.

1) Bu Çalışmada Neye Niyet Ediyorum?

Niyetler önemlidir. Bize neyi seçtiğimizi yüksek sesle söyler. Bunları söylemenin, yazmanın sihirli etkileri vardır.

Niyetini yazarken, "Bu kitabı okurken/alıştırmaları yaparken", "BEN nasıl olacağım? BEN nasıl yapacağım" üzerine niyetimizi yazıyoruz.

"Hayatımın aşkını bulmaya ve sonsuza kadar onunla mutlu yaşamaya niyet ediyorum." ya da "Eşimin artık değişmesine niyet ediyorum." DEĞİL yani.

Bu yukarıdaki kısma aman dikkat! Dış dünyadan beklentilerini yazdıysan, kontratın amacı bu değil. Bu kontratın amacı senin kendi etki alanındaki sorumluluğuna sahip çıkmanı sağlamak.

2) Niyetimi Gerçekleştirmede Kendime Engel Olma Yollarım Neler Olabilir?

Kendimize engel olma yöntemlerimiz kişiden kişiye değişebilir, durumdan duruma da değişir. Biz insanların, kendimizi engelleme yöntemlerimiz çok ama çok yaratıcıdır.

a) Sanki insanlar porselenden biblolarmış gibi, "İnsanların değişmesi belli bir yaştan sonra çok zor yavrum. Benim değişmem çok zor." diyerek,

b) "Olmuyor, bak olmadı" deyip, sürece değil süreci değerlendirmeye odaklanarak,

c) "Ben aslında zaten biliyordum" diyerek, bize akan yeni bilgileri, sürekli mevcut bilgilerimize benzeterek,

d) Minicik de olsa yeni bir denemeyi en baştan reddederek,

e) Kendimizi başkalarıyla karşılaştırıp ezikleyerek, ("Ya işte onun kendisini çok seven bir kocası var, onun işi tabii ki daha kolay." veya "Ya ama, ne kadar güzel kadın o bir kere." ya da "Onda Afrodit'lik zaten hep vardı. Ben öyle değilim ki" diyerek.)

f) Hikâyelerimize tutunmayı seçerek, ("Annem de bana bunu yaptığı için." veya "Babam da zaten böyleydi" ya da "Kiloluyum ben, bu kiloları verirsem belki o zaman" diyerek.)

g) "İşte terk eden sevgilim!", "İşte adi kocam!", "İşte bağlanmak istemeyen erkekler!" deyip, odağı kendimizden dışarı yönelterek,

h) Olayı -ve dolayısıyla kendimizi- çok ciddiye alıp, mizah ve şefkat duygularımıza yaslanmayı unutarak,

Kendimizi engelleyebiliriz.

3) Bu Engellerle Nasıl Başa Çıkabilirim?

Kendimizi engelleme/sabote etme yöntemlerimize karşı uyanık olduğumuzda, bilinçli bir şekilde bunlarla başa çıkma yöntemleri geliştirebiliriz. Bunları yazdığımızda konuya idmanlı olur, kendimizi sabote ederken hop yakalar, sabotajdan geri dönebiliriz.

Yukarıdaki 3 soruya cevap vermeyi, 6 dakika çalışması ile uygulayacağız:

- Önce kalemini defterini al. Saatini 6 dakikaya kur.
- 6 dakika boyunca durmadan yazacaksın. Ama yazdıklarını okumayacaksın. İmla hatalarını, devrik cümleleri asla düzeltmeyeceksin. Sadece yazacaksın.

- En az 6 dakika boyunca, yukarıdaki 3 soruya cevap ver. Aklına neler geliyorsa, kalemi hiç kaldırmadan yaz. Eğer aklına bir şey gelmiyorsa "Aklıma bir şey gelmiyor" yaz. "Sıkıldım,", "Çocukların yarınki şu konusu ne oldu?" ya da "Bu çalışma da çok saçma," gibi şeyler aklına geldiyse onları da yaz. Aklına çocukluktaki bir anın düştüyse onu da yaz.
- 6 dakika bittiğinde, eğer kalem akıyorsa o zaman yazmaya devam et.
- Bu yöntem serbest çağrışımla, içeride ne varsa hepsini güzelce kâğıda akıtacak.
- Sonra git kendine güzel bir melisa çayı yap ya da biraz gezip dolaş, temiz hava al. Araya bir zaman ver yani.
- Sonra yazdıklarını oku. Neyi fark ediyorsun? Neler dikkatini çekiyor? Kontrata GERÇEKTEN koyman gerekenler neymiş aslında?

Uzun yazını o güzel deftere yazdın. Okudun, baktın, fark ettin. Şimdi kontratını özet olarak yazma zamanı. Yukarıda örneğe benzer ÖZET bir kontratı aşağıya yazıp güzelce imzala. Etrafına renkli kenar süsleri falan da yapabilirsin hatta. Güzel de olur nitekim. 😊

Kendime Not

Kontrol Örneği

Ben..

1- *Bu çalışmada* ....

.... *niyet ediyorum.*

2- ....

.... *yaparak, kendime engel olma ihtimalim olabilir.*

3- ....

yaparak bu tutum/davranışlarımla başa çıkacağım.

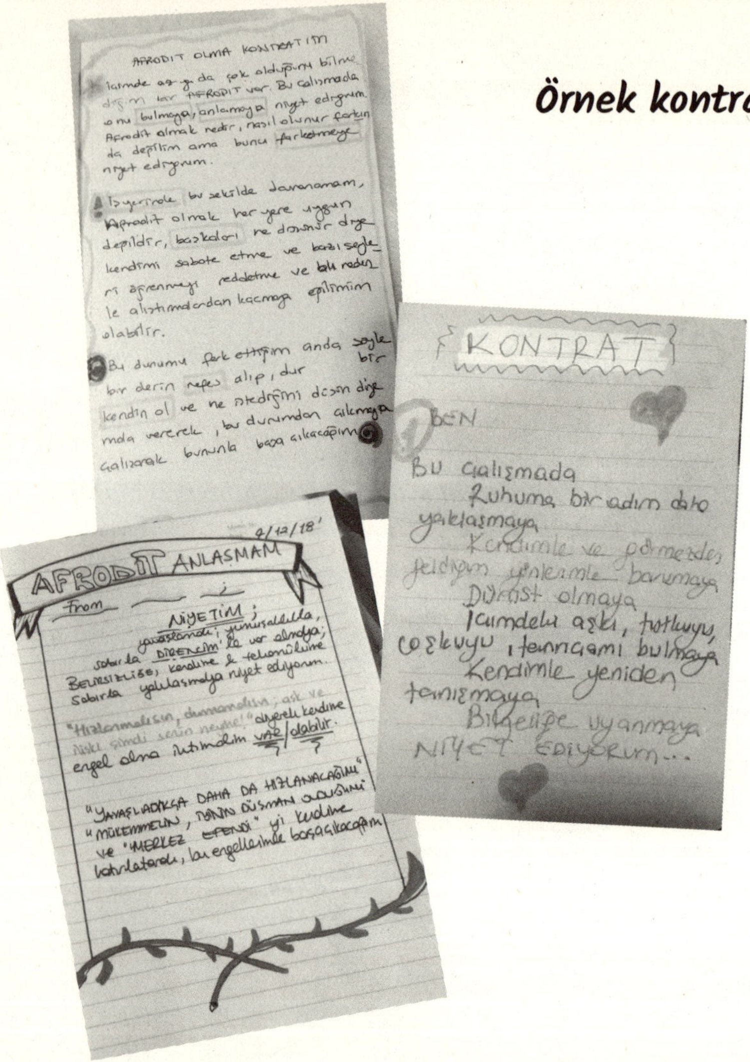

Örnek kontratlar

Bu kontratlar neden güzel:

- Bu kontratlarda niyetler net.
- Niyetler “Bu kitabı okurken/alıştırmaları yaparken”, “BEN nasıl olacağım? BEN nasıl yapacağım” üzerine niyetler. Genel veya orta/uzun vadeli niyetler değil.
- Ayrıca renkler var, şekiller var, içimiz açılıyor.

Geliştirilmeye açık kontratlar

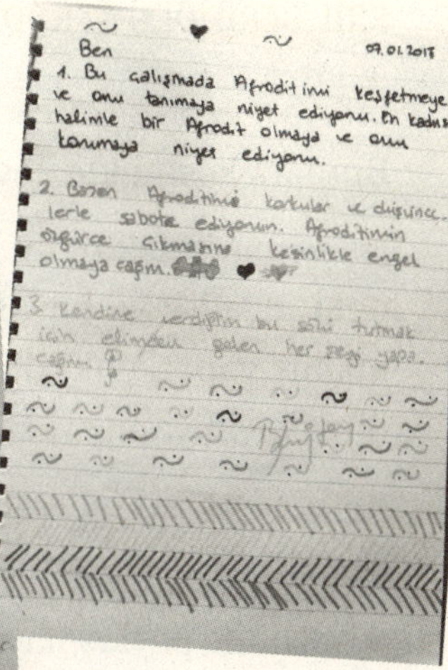

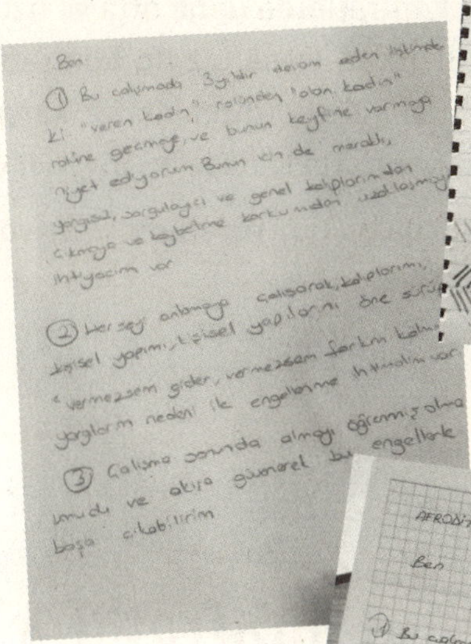

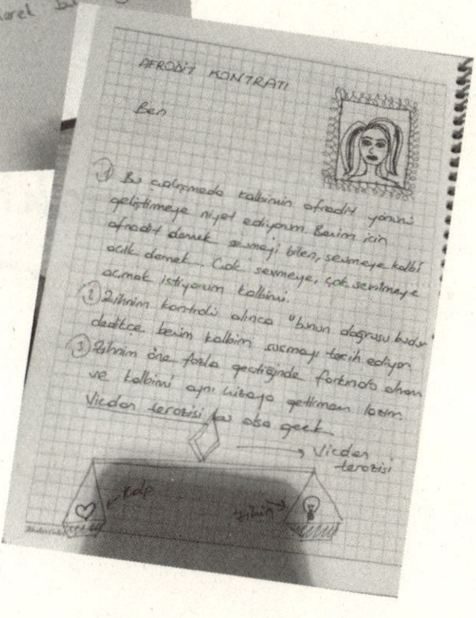

Peki, bu kontratları neden buraya koymak istedim: Eğitimlerde kontrat yaparken spesifik niyetimizi yazmadığımızı çok sık gözlemlediğim için.

Beni yanlış anlamanı istemem. Bu kontratlardaki niyetler çok güzel. Bu niyetleri, bu hayalleri canlı tutmak çok güzel. Hayal çalışmalarına ben de çok inanırım ve gerek bireysel gerekse kurumsal çalışmalarımda sıkça yer veririm. Bunlara kesinlikle devam edelim.

Amma velakin, bu kontratlarda daha orta ve uzun vadedeki niyetler ve hayaller var. Oysa biz bu kontratı, alıştırmaları yaparkenki dönemimizde direncimize karşı uyanık olmak için yapıyoruz. Kontratta sadece bu niyetler olmalı.

Eğer senin kontratın da bu tarz niyetlerini içeriyorsa revize etmeye ne dersin?

Bizimle paylaşmayı da unutma:

İlişkide Kutuplar

Bu bölüme başlamadan önce, kontratını tekrardan okumanı istiyorum. Arzuladığın erkek profilini ya da yaşamak istediğin ilişki modelini niyetine koymuş olabilir misin acaba, diye kontrol etmeni rica edeceğim. Zira Afrodit eğitimlerinde, ben her ne kadar "Amacımız kendimizle ilgili niyeti koymak." desem de niyetlerin kendimiz dışındaki alana çıkmasına alışığım. Sevgili katılımcılarımızın odağında ilişkiler ve sevgili erkekler olunca hâliyle kontrata da aradan sızıveriyorlar. Eğer sende de sızdılarsa çalışmayı baştan hazırlaman gerekecek.

Kontrolü yaptın mı?

O zaman devam edelim.

Bu kitap, kendi dişiliğimizi keşfetmekle ilgili. Yine de bu bölümde ilişki dinamiklerinden bir parça bahsetmek istedim. Amacım, yaşadığımız ilişki seviyesini tespit edip, bu tespit sonucunda kendi dişiliğimizle ilişkimizi anlamlandırabilmek.

David Deida, Yakın İlişki adlı kitabında, ilişkilerdeki eril - dişil dinamiğini 3 seviye ilişki ile açıklar:

1) Bağımlılık İlişkisi

"Erkekler erkek, kadınlar da kadındır." seviyesi.

Bu eski klasik ilişkilerde erkek dış dünyada para kazanır; kadın da eve ve çocuklara bakar.

Erkeğin ailenin reisi olduğu, kadının da ona boyun eğdiği bu model, tabii ki bizlere Ah Belinda filmini hatırlatır. Bu model çoğumuz için kâbus gibidir. Öte yandan bu modelde kafalar karışık değildir. Erkek eril enerjisiyle durur, kadın da dişil enerjisiyle.

2) 50/50 İlişki

"Kadınlar ve erkekler için güvenli bağlar ve eşit beklentiler." seviyesi.

Bu model, modern kadınların modern erkeklerle kurduğu ilişkilerdir. Kadın kendi parasını kazanır, bağımsızdır. Sorumluluklar paylaşılır. Kararları ya ortak alırlar ya da kadın alır.

Bu ilişkilerde kadın Eril Beril'dir. Bu da erkeğe iki seçim hakkı bırakır: Ya erkek dişile kayar ya da erkek eril olarak kalır ve o zaman evde iki rakibin kavgaları yaşanır. Çoğunlukla bu ikisi de olur. Çiftler bazen iki kanka olarak oturup konuşurlar; bazen de kimin daha haklı olduğu üzerine tartışmalar yaşanır.

50/50 ilişkide tutkulu sevişmeler, flörtöz bakışmalar yoktur. Neden mi? Çünkü eril-dişil kutbu yoktur. Bu ilişkide erkek dişil kutba yaklaşmıştır, kadın da erilleşmiştir.

3) Yakın ilişki

"Birlik içinde gevşiyorum ve en derin hediyelerimi sunuyorum." seviyesi.

Bu seviyedeki ilişkide, ilişkinin içindeyken kadın dişil özünden, erkek de eril özünden davranır. Yani kadın bir Afrodit olarak parlar, ışıltısını yayar, erkeğine güvenir ve teslim olur. Erkek de kadını tüm hâlleriyle kabul eder. Bu ilişkinin içinde; erkek, duygularını olduğu gibi yaşayabilmesi için, kadının ona yaslandığı bir dağdır.

Bu ilişkinin içinde kendi doğal özümüzü yaşarız. Gayet başarılı bir iş kadınıyızdır, eril tarafımız güçlüdür ama ilişkinin içinde o kontrolcü tarafımızı bırakır, anın içinde haz ve zevkle gevşeriz. Kalbimizi açarız. Acımızı da coşkumuzu da hayatımızdaki erkeğe gösterebiliriz. Bu ilişkinin içindeki erkek ise bir prens değil kraldır. Kendi yolu konusunda nettir. O yolu yürür. Olgundur. Duygu dalgalanmaları yaşamadığı gibi, kadının kendi duygusunu yaşayabilmesi için ona alan açar.

İlişki dinamiklerini bu kitapta detaylandırmak istemiyorum. Hem konu uzun olduğu için hem de kendimizle ilişkimizi sağlıklı bir şekilde kurmadan dışarıyla ilişkimizi de sağlıklı şekilde kuramayacağımız için. Yalnız merak etmeyin; bir sonraki kitapta konuya ayrıntılarıyla değineceğim. Bu kitapta anlatmak istediğim ise üçüncü seviye ilişkiye kendimizi nasıl açacağımız.

Hayatında ister bir erkek olsun ister olmasın, ister "Erkek var ama bizimki dişil maalesef anam" diye düşün; önemli değil. Önemli olan, ilişkinin bir frekans meselesi olduğunu kabul etmek. Bu ne demek? Ben dişil tarafıma yöneldikçe hayatımdaki (mevcut ya da potansiyel) erkeğin daha eril olması demek. Bu da şu anlama geliyor: Odağımızı karşıdaki erkekten kendimize çevirmemiz gerekiyor. "Üçüncü seviye erkeği hayatıma nasıl çekerim?", "Bizim adamdan kral olur mu? Olursa nasıl olur?" ya da "En iyisi kocamı sana koçluğa göndereyim." demeyi bırakman ve bunun yerine Afrodit olmak için kendine söz vermen gerekiyor.

Ay, öyle deyince olacak mı?
Ben Afrodit olunca sevgilim düzelecek mi?
Hem kolay değil ki o.
Ben artık aşk istiyorum, çok bunaldım.

Tüm bu düşünceler kafana üşüşüyor olabilir. İnan, ben de senden farklı değildim. Bir tarafım ben değişince dünyamın değişeceğini çok iyi biliyordu. Ama bir tarafım da "Eril Beril" olarak dünyada var olmuştu. Eril'i bırakamıyordum.

Öyle bir an geldi ki bu düşünceleri, bu kaygılanmaları bıraktım. Evliliğim üçüncü seviye ilişki grubuna dahil olur mu? Kocam olgun bir eril olur mu? Evliliğim devam eder mi, etmez mi? gibi soruları bıraktım. “Ben artık hayatımı bir dişi olarak yaşamak istiyorum!” dedim kendime. Evliliğim devam eder, etmez önemli değildi. “Ben dönüşmeyi seçiyorum.” dedim.

Teslim olmak tam da böyle bir şey. Sanmayın ki kolay oldu bu teslimiyet. Dişil özüme dönmeyi ve bu seçimi yapmayı, ancak çektiğim acı dayanılmaz olunca yapabildim. Sizde de böyle olacak diye bir şey yok elbette. Benim hayatta şu ana dek yaşadığım en ağır sınav bu oldu sadece. Bizim ilişkimiz dönüştü. Ben Afrodit oldukça kocam da Kral oldu. Hâlen alınacak çok yolumuz var elbette. Ancak şu an ilişkinin içinde, ben dişil özümden yola çıkarak yaşıyorum, o da eril özünden... Yani çoğunlukla diyelim... Kendisine hayranlıkla bakıyorum. Eve geldiğinde içim kıpır kıpır oluyor. Dünya üzerindeki manevi yolculuğumuzu beraber yürüyor olmamızdan duygulanıyorum. Ve sanırım o da bana boş değil.

Tabii böyle olmayabilirdi de.

Bizim ilişkimiz dönüştü. Ben Afrodit oldukça kocam da Kral oldu. Hâlen alınacak çok yolumuz var elbette. Ancak şu an ilişkinin içinde, ben dişil özümden yola çıkarak yaşıyorum, o da eril özünden... Yani çoğunlukla diyelim... Kendisine hayranlıkla bakıyorum. Eve geldiğinde içim kıpır kıpır oluyor. Dünya üzerindeki manevi yolculuğumuzu beraber yürüyor olmamızdan duygulanıyorum. Ve sanırım o da bana boş değil.

Ama önemli değil biliyor musun? Önemli olan, "Ben dişil özüme dönmeyi seçiyorum." diyebilmemdi. Bunu yapabildiğim için kendime, hayata ve benimle bu yolu yürüyen eşime şükran doluyum.

İlişkiler ruhumuzu en çok büyüten dinamiklerden biri. Eğer acı çekiyorsan, bunu ruhunun dönüşmesi için bir çağrı olarak duymaya ne dersin?

Bu çağrıya evet demeye ne dersin?

"Ben dişil özüme dönmeyi seçiyorum." ya da "Ben Afrodit olmayı seçiyorum." demeye ne dersin?

Kendime Not

ÇERÇEVE

AROMATERAPİ

Dışarısı daha yeni aydınlanıyor. Bilgisayarımdan başımı kaldırıp çalışma odamın mor duvarına, pencereden görünen geniş yeşil çayıra bakıyorum. Bugün yağmur yağıyor. Ağaçlar tamamen çıplak, çünkü kışın tam ortasındayız. Kışın bizi kendimize döndüren hâletiruhiyesini çok seviyorum.

Derin bir nefes alıyorum. Odada buram buram yayılan kokuları içime çekiyorum. Bugün sedir kokuyor odam. Hem ağaç hem toprak kokar sedir. Zamansız gelir bana. Yoksa eski zamanlara mı ait gelir? Hani fantastik filmlerde kahramanlar, canavarlardan kaçarlar. Soluklanmak, rahatlamak için yuvarlak kubbeli bir hana girerler. O hanlar sedir kokar sanki...

Çayımdan bir yudum alıp tekrar dışarıya bakıyorum. Bugünün çayı kırmızı renkte. Biraz tatlı, biraz mayhoş bir çay. Ne yazacağımı buldum sanırım. Yine derin bir nefes alıyorum. Tekrar yazıma dönüyorum.

Bir kitap yazmak hem eril hem de dişil bir aktivite. Eril taraf hedefe kitlenecek; disiplin içinde masaya oturacak. Ama o masaya oturulduğunda da dişil taraf tüm yaratıcılığıyla akacak. Ben bu kitapta agresif bir teslim tarihi seçmiş olabilirim. Teslim tarihini biraz geciktirmiş olsam da yine de kitabı bahar döneminde çıkarmayı istedim. Zira teslim tarihi eril tarafımı iyi motive edecekti. Öte yandan kitabı telaşla yazmak da istemedim. Sanki ben telaşla ve görev bilinci ile yazarsam okuyanlar da aynı enerji ile okurlar gibime geldi. Bu da hiç mi hiç Afrodit olmazdı.

Erilimin ve dişilimin ahenkle dansı içinde yazacaktım kitabı. Bunu bilinçli olarak seçmiş olsam da uygulamanın çok kolay olduğunu söyleyemem. Ama işimi kolaylaştıran harika eşlikçilerim vardı: Bazen tarçınlı limonlu bazen kuşburnulu sular. Çeşit çeşit bitki çayları ve buhurdanlıkta aromaterapik kokular... Bu kitabı bazen sedir, bazen ylang ylang, bazen de Afrodit kokusu karışımı (ylang ylang, palmarosa ve lavanta) eşliğinde yazdım.

Senden istediğim, bu sayfaları okuyup senin için hazırladığımız videoyu da seyreder seyretmez; sana iyi gelecek bu şifalı kokuları hayatına katman.

Belki benim gibi, aromaterapik kokuları içi suyla dolu buhurdanlığa damlatıp altında tealight mum yakarak kullanırsın. Belki otomatik aromaterapi makineleri kullanırsın. Ama kitabı aromaterapi ile oku. İnan bu kokular, dişiliğimizi zihnimizle anlamaya çalışmamız kadar- belki de daha çok- geliştiriyor.

Senelerce hayata eril gözlüklerle bakan bir kadın olarak, dişiliğimi de tabii ki entelektüel olarak geliştirmeye çalıştım. Kitaplar okuyarak örneğin. Hangi özellikler, hangi davranışlar dişildir? Hangileri erildir? Erkeklere böyle mi şöyle mi davranmak doğrudur? Bu eğilimlerim hâlâ var, hep de var olacak. Anlamlandırma, kategorize etme, bağlantılar kurma... Bunları yapmaya tabii ki devam edeceğim. Öte yandan, dişiliğin yüzde sekseni, kafada değil bedende gelişiyor. (Eril tarafına yüzde de verdim, onu ikna için bak ;) Bu kitabı -ve başka kitapları- okuyalım tabii ki. Dişilik üzerine de düşünelim, fikir teatileri yapalım. Ama bir yandan da duyularımızı canlandıracak, yaşama sevincimizi artıracak uygulamaları hayatımıza sokalım.

Bu yağlar nasıl çalışıyor, hangi yağ ne için iyi merak ediyorsan; senin için İrem Konuk ile harika bir video hazırladık.
Buyur seyret...

"Afrodit eğitiminin bana çok katkısı oldu ancak yalnızca aromaterapiyi hayatıma katması bile çok harika oldu. Afrodit meditasyonundan önce aldığım koku karışımını artık her akşam, yatmadan evvel mutlaka kullanıyorum. Kendimi pek bir dişi hissediyorum. "İllaki hayatımda bir erkek olsun, ancak öyle dişi hissedebilirim." düşüncesi ne kadar yanlış bir inanışmış aslında. Taliplerim de çoğaldı ama artık eskisi gibi acelem yok."

YASEMİN

Her Şey Nasıl Başladı?

"Küçükken kristal avizelerin taşlarını söker, kulaklarıma takardım. Doğum günümde pembe plastikten sallantılı küpeler almışlardı bana. Çingene pembesi/kırmızı rujlar sürer, dudaklarımı büze büze konuşurdum. Ve eminim şimdikinden daha dişiydim.

O yaşlarda, anaokulundaki iki erkek kavga ederdi yumurtamı soyabilmek için. Onlardan yumurtamı soymalarını isteyebilen bir kızken, ne oldu da istemeyi güçsüzlük/ayıp sayan, her işini kendi beceren (hatta başkalarınınkini de) bir kadına dönüştüm?

Dişiliğimi nereye gömdüm? Hangi kitabın sayfalarında unuttum acaba?"

PELİN

Kitabın başında hikâyemi okurken, senin de kendi hayatına gitmiş olman muhtemel. Belki sahneler canlandı gözünde. Belki çocukluğundan, belki de okul hayatından sahneler...

Geçmişe bir yolculuğa çıkmaya ne dersin? Küçük bir kız

çocuğu iken, dişil özünle nasıl temasta olduğunu hatırlamaya, sonra da hangi anlarda onunla teması kestiğini keşfetmeye ne dersin?

Bakalım, bu keşif seni nerelere götürecek?

Hazırsan alıştırmaya geçelim mi?

1) Sana geçmişe yolculuk için iki video önerim var. Bu videoları seyret.
2) Bu videoları seyrettiğinde sende ne kaldı? Hangi duygular, hangi düşünceler uyandı? Gözünün önüne geçmişten sahneler geldi mi? Kronolojik bir sıraya oturtmaya çalışmadan, kalemine ne geliyorsa, sayfa 46'daki 6 dakika çalışması gibi serbest yazma çalışması yapacaksın.
3) Ama bu kez süreyi 6 değil en az 10 dakika olarak belirle. Kalem akana dek yazmak için kendine izin ver.
4) Şimdi yine bir ara ver. Ve bir bak bakalım, yazında neler dikkatini çekiyor? Yazında dişil özünden kopmaya, erille ya da anne arketipiyle özdeşleşmeye dair neler çıkmış?
5) Farkındalıklarını kadın arkadaşlarınla paylaş.
6) Ve tabii ki Instagram'da, #içimdekiafrodit ile de paylaşmayı unutma

Afrodit'lik Bende de Kesinlikle Var mıdır?

Eril Beril'in Yolculuğu

Kendime Not

Kendime Not

Baştan Çıkarıcılar

Seyahat etmek güzeldir. Yeni kültürler gördükçe insanın ufku açılır. Yerleşik düzenimizden ayrılmak, o arzuladığımız resetlenmeyi bize verir. Kaygılarımızdan uzaklaşırız.

Amma velakin seyahat etmek en az bir on sene, benim uyuşturucumdu. Her çeyrek yılın sonunda, o çeyreğin rakamlarını getirmek için insanüstü bir çabayla tırmaladıktan hemen sonra, önceden planlanmış tatillere çıkardım. Satış müdürü olarak çalıştığım o uzun senelerde öyle bir baskı altında çalışıyordum ki o tatillere gidemezsem sanki yaşayamazmışım gibi hissediyordum. Bazen tatillerde de yorulduğum olurdu ama hiçbir tatilde evde oturmayı aklıma bile getirmezdim. Ne olursa olsun, o seyahatlere gidecektim.

İhtiyacım olan rahatlamak, spontanlık ve kontrolü bırakabilmek yani dişil tarafa geçebilmekti. Dişil enerjimi tatiller geçici olarak yükseltiyordu elbette. Ancak hayatım değişmiyordu. Tatillerin verdiği enerji, dönüşte beni bir hafta bile idare edemiyordu.

Bize, geçici olarak bir rahatlama hissi veren, bu sayede de bizi kendi yolumuzda yürümekten alıkoyan her şey bizim baştan çıkarıcımız, tuzağımızdır. Bazıları alkol, sigara gibi daha bir mimlidir. Bazıları ise seyahat gibi, spor gibi daha masum gözükür.

Dişil özüne dönüş yolculuğunda acaba senin baştan çıkarıcıların neler? Bunu keşfetmek için minik bir alıştırmaya ne dersin?

1) Aşağıda olası baştan çıkarıcılar var. En ilgini çekenleri işaretle.

- ☐ Çok çalışmak
- ☐ Kıyafetler, çantalar, her türlü alışveriş
- ☐ Evi dekore etmek
- ☐ Gurme yemekler
- ☐ Çok yemek
- ☐ Tatlı
- ☐ Çikolata
- ☐ Alkol
- ☐ Kişisel gelişim eğitimleri
- ☐ Sigara
- ☐ Spor
- ☐ Diğer: Buraya yaz.

....

....

....

....

2) Seçtiğin madde ile 6 dakika çalışması yap. Bakalım kaleminden ne akacak.

3) Araya yine zaman koy ve o zamanın sonunda yazdıklarını yeniden oku. Bakalım neler fark edeceksin. Ortak duyguları çıkart, ortak kelimeler var mı? Bunlar bir araya geldiğinde sana bir şey anlatıyor mu?

4) Farkındalıklarını bizimle paylaş:

#içimdekiafrodit

Kendime Not

Kendime Not

İtirazım Var!

İçindeki Afrodit'i tanımaya, keşfetmeye, onunla buluşmaya hazırsın.

Acaba sahiden hazır mısın?

Değişim süreçlerinde içimizde doğal bir direnç olduğundan bahsetmiştim. Bir taraftan "Dişi özüme dönmeye, keşfetmeye niyet ediyorum," deriz. Öte yandan da, içimizde çeşitli dirençler, çeşitli itirazlar olur.

Bu bölümde bilinç dışında duran o itirazları keşfedeceğiz. Bunun için çeşitli cümleler kullanacağız. Bunlara "olumlama cümleleri" dedim. Ama amacımız bu cümleleri papağan gibi tekrarlamak değil. Bu cümleleri söylerken bizde uyanan hissiyata bakmak. Bedenimizde ne olduğuna bakacağız, yavaşlayacağız. Bedenden gelen bilgiye kulak vereceğiz. Özetle amacımız: İçimizdeki itiraza/korkuya/dirence/yargılara, "Burada tam olarak ne oluyor?" diye bakabilmek.

Alıştırma

1) Şimdi aşağıdaki cümleleri YÜKSEK SESLE oku. YAVAŞÇA ve DİKKATİNİ VEREREK... Okurken bedenine

kulak ver. Nefes alıp verişin değişti mi? Bedeninde bir gerginlik, sıkışma oldu mu? Midende? Başında? Boğazında mesela?

2) Tüm cümleleri okuduktan sonra bedeninde en çok hareketlilik (gerginlik, sıkışma ve benzeri) yaratan cümleyi seç.

3) Cümleyi seçerken şunlara dikkat etmelisin:

i. Tek cümle seçiyorsun. (Kesinlikle tek cümle seç.)

ii. Hangi cümleyi seçeceğine zihnin değil bedenin karar vermeli. Eğer yüksek sesle okuyup, her birinde bedenini dinlemediysen, doğru cümleyi seçmedin demektir.

iii. En çok coşku, mutluluk ve benzeri duyguları yaratanı seçmiyoruz. Neden mi? Amacımız itirazları dinlemek olduğundan.

4) Ve bu cümle ile 6 dakika çalışması yap. Bu cümle sende neleri tetikledi? Bedenindeki hissiyatlar ne oldu? İstersen tekrar tekrar cümleyi okuyabilir ya da defterine cümleyi tekrar tekrar yazabilirsin. İçinde ne var ne yoksa kâğıda dökmek için kendine izin ver. Özellikle duygularını kağıda akıtman, çok önemli. Eğer duyguların açığa çıkmadıysa tekrar 6 dakika çalışması yapmalısın.

5) Çalışmadan sonra bir ara ver. Ara verip, geri dönüp okuduğunda neleri fark ediyorsun? Neler yeni? Vücudunda neyi fark ettin?

Olumlamalar

1. İçimdeki tanrıçayı keşfetmeye istekliyim.
2. Afrodit'imi büyütmek için kendime izin veriyorum.
3. Dişiliğimi yaşamak benim için güvenlidir.
4. Işıltımı yaymaya iznim var.
5. Hem güçlü hem dişi olmaya iznim var.
6. Afrodit'in tüm parlaklığıyla bende açığa çıkmasını istiyorum.
7. Afrodit'im, beni tüm eski ilişkilerimi kapatmaya yöneltiyor.
8. İçimdeki dişil öze güvenirim.
9. Özüme dönmeyi seçiyorum.
10. Dişil enerjimi açığa çıkarmaya gönüllüyüm.
11. Hem anne hem Afrodit olmaya iznim var.
12. Dişiliğim, kabul ettiğim bir hediyemdir.
13. Işıltım başkalarını kutsuyor.
14. Dişiliğimi açıkça paylaşırım.
15. Kendime iyileşme izni veriyorum.
16. Hayatımın değişeceğini kabul ediyorum.
17. Kırılganlığımı başkalarıyla paylaşmak güvenlidir.
18. Hem akıllı hem de güzel olmaya iznim var.
19. Afrodit'imin çıkmasına izin verdiğimde, karşımda olgun erilin belireceğini bilirim.
20. Ben güzelim.
21. Duygularımı yaşamak ve ifade etmek benim için güvenlidir.

Kendime Not

"Ben, en çok "Hem güçlü hem dişi olmaya iznim var." cümlesinde titreşmiştim. İlk önce, annemden gelen "Güçlü kadın olmalıyım." düşüncesi Afrodit olmama engel oluyor, diye düşündüm. Meğer Afrodit'i çıkarmayan İçimdeki Çocuk'muş. Beni tanıyanlar bu çıkarımı çok rahat yapabilirler belki ama bunu benim keşfetmem çok daha çarpıcı geldi bana. Şimdi bakınca ne kadar açık ve ortada..."

GÖKÇE

Bu çalışmayı yaptıysan, "Ben dişi olmak istiyorum." derken, içindeki direnen parçaların ne olduğuna dair keşfe başladın demektir. Biz neden dişil olamadığımıza dair, zihnimizden açıklamalar türetedurałım, bazen gerçekler sandığımızdan farklı olabilir. Gökçe, bir şirkette genel müdür yardımcısı olarak çalışan bağımsız ve güçlü bir kadın. Sen de güçlü bir kadın olabilir ve bu güçlü olma durumunun Afrodit'ini çıkarmaya engel olduğunu düşünebilirsin mesela. Bu tamamen yanlış da değildir. Ancak gerçeğin farklı yüzlerini keşfetmek, Gökçe için olduğu gibi senin için de çarpıcı olabilir.

Bu çalışmada sadece düşüncelere ve/veya eski anılarına gittiysen ve duyguların kâğıda akmadıysa o zaman kendine biraz daha zaman ver. Sonra 6 dakika çalışmasını yine yap ve duygularının kâğıda akması için kendine izin ver. Bir sonraki çalışmada bu duygular üzerinden gideceğiz çünkü.

"Ben okurken nefesimin daraldığını hissettiğimden, "Dişiliğimi yaşamak güvenlidir." cümlesini seçtim. 6 dakika uygulamasında önce daralma hissi vardı ama sonlara doğru kocaman derin bir nefes aldım.

Ben dişiliğimi yaşamak için hep güvenilir birini aradım. Oysa dişiliğimin güvenli olduğunu düşünerek yaşasaydım, zaten güvenilir biriyle karşılaşırdım."

ŞULE

"Ben "Kırılganlığımı başkalarıyla paylaşmak güvenlidir." cümlesini seçtim. İlk başta kırılgan tarafımın varlığını kabul etmem gerek. "Kırılgan" kelimesi zaten çok ters geldi. Anadilime çevirince daha da ters geldi. Sonra alternatif kelime bulmaya çalıştım ama hiçbiri bunu tam anlamıyla ifade etmeye yetmiyor. İçimde çok güçlü bir direnç hissettim, 6 dakika çalışmasında neredeyse kitap yazdım.

Neden? Çünkü "kırılgan" ve "ben" aynı cümlede olmamalı."

JULIA

Tam Afrodit'imi Açığa Çıkaracağım ki...

Evet, sevgili Afrodit... Şimdi bu aşağıdaki alıştırmayı yap. Sakın sayfayı çevirme. Hemen çalışma talimatlarını veriyorum sana.

1) İlk olarak bir önceki alıştırmada 6 dakika çalışmasında yazdıklarını bir kez daha oku. Yazdıklarının enerjisi aşağıdakilerden en çok hangisine uyuyor?
   a. Çocuk?
   b. Ebeveyn?
   c. Kadın?
   d. Erkek?
2) Yine defterine yazacaksın:
   a. Bu kişiyi tarif edebilir misin?
   b. Resmini çizebilir misin?
   c. Nerede yaşıyor?
   d. Ana duygusu ne?
   e. Karakteri?
   f. Bu kişinin adı ne?

Örneğin:

Ben dün "Dişiliğimi yaşamak benim için güvenlidir." olumlaması üzerine yazmıştım. Bedenimde en çok hareketlilik yaratan oydu. Göğsümde sıkışma hissetmiştim. Yazdıklarımda bayağı bir korku ve kaygı hâkimdi. Bu duyguları hisseden bir çocuk. 10 yaşlarında bir kız çocuğu. Siyah- gri, eski püskü giysiler var üzerinde. Zindan gibi bir yerde yaşıyor. Dişiliğimi çıkarmamı istemiyor çünkü korkuyor. Sırtı bana dönük. Kambur, yerde oturuyor. Adını bana söylemiyor. Ben ona "Suskun" adını koydum.

Kendime Not

Çalışmanı tamamladın mı? Afrodit'ini çıkarmana engel olan parçan ile tanıştın mı? O zaman bir sonraki sayfayı çevirmeye hazırsın.

Afrodit'ini ortaya çıkarmana engel olan parçan; belki yukarıdaki örnekteki gibi korkan bir çocuk. Belki elinde piposu, hiçbir şeyi beğenmeyen entel bir ağabey; belki mahallenin namus bekçisi bir teyze; belki otoriter bir baba... Kim bilir.

İçimizdeki İnsancıklar çeşit çeşittir. Bazen bir bakarsın aynı anda birden fazla İnsancık, Afrodit'ini ortaya çıkarmana engeldir. Bazen de ürkek bir çocuğun yahut otoriter bir babanın sesini duyabilirsin. Peki, bu İnsancıklarla ne yapacaksın?

İlk anahtar: İçimizdeki İnsancıkları tanımaktır. Bu parçaların enerjisini tanırsak o sesle "özdeşleşmeme" şansımız olabilir. Zihnimiz çok hızlı çalışır, düşünceler oradan oraya gider. Duygu girdaplarına kendimizi hızla kaptırabiliriz. Eğer içimizdeki bu farklı parçaların enerjisini tanırsak o zaman ikinci anahtara gidebiliriz.

İkinci anahtar: İnsancıklara gözlemci konumundan bakabilmektir. Yani içimizdeki sesleri kendimizden ayrı tutabilmektir. Bu pratiği edindiğimizde bazı insancıkları -mesela entel ağabeyi- duyma sıklığımız azalabilir. Öte yandan bazı İnsancıkları -mesela İçimizdeki Çocuğu- duymaya uzun süreler devam edebiliriz. Duymaya devam ettiğimiz parçalarımıza gözlemci konumundan bakabilirsek, o zaman üçüncü anahtara gidebiliriz.

Üçüncü anahtar: Bu İnsancıklara şefkat geliştirebilmektir. Bu seslere "Tü Allah belanı versin. İğrençsin. Senin yüzünden çıkaramıyorum Afrodit'i." ya da "Ah cânım çocuk! Sana çok acıyorum! Ah yavruuum..." dersek sonuç alamayız. Bunlar, çocuklukta ayakta kalabilmek için oluşturduğumuz parçalardır. Şu an bize hizmet etmeseler de yıllar yılı etmişlerdir. Yani bu parçalarımızı ne yok sayalım ne de bastırmaya çalışalım. Özellikle İçimizdeki Çocuğa "Hemen bir EFT, bir reiki veya bir seans koçluk falan yaptırayım da çözeyim!" kafası ile bakarsak, çocuğumuzun sürekli bastırıldığı için hırçınlaşan, kırgın, küskün, öfkeli tezahürleri içimizde büyür.

"İçimdeki tanrıçayı keşfetmeye istekliyim." cümlesinden sonra kalp atışlarımın yükseldiğini hissetmiştim. Bugün önce çok güzel, ne istediğini bilen, çok çekici bir kadın ile sohbet ettim. Arkasından 6-7 yaşlarında, çok cesaretli görünmesine rağmen çekingen, eyleme geçmeyen, el uzatılmadan destek istemek için çaba sarf etmeyen ya da bilmeyen Ayşegül ile devam ettim sohbete. Ben çok şaşkınım ve gerçekten karışığım şu an. Afrodit'e engel parçam; adını bile şimdi öğrendiğim, daha önce hiç fark etmeyip, görmediğim, sesini yeni duyduğum sevgili Ayşegül.

Ben Ayşegül ile bugün tanıştım. Umarım geç kalmamışımdır onu kucaklamaya."

ASUMAN

"Benim içimdeki o küçücük kız çocuğu Lila, güçsüz ve savunmasız olmaktan çok korkuyor; güçsüzlüğü tehlikeli buluyor. Hatta hayatta kalmak için güçlü olmayı bir zorunluluk olarak görüyor. Hayatındaki herkesin çok güçlü olmasını bekliyor ve güçsüzlüğe asla tahammülü yok. Güçsüz olanları acımasızca eleştiriyor.

Lila; bugüne kadar hep senin sesini duydum ve seni

ben sandım. Oysa sen benim sadece çocuk parçamsın. Endişelerini, kaygılarını anlıyorum. Hayatta kalmak için başka bir yol bilmiyordun. O nedenle bu seçimi yapmanı anlıyorum. Sadece artık sana şunu söylemek isterim ki güçlü olmak bir zorunluluk değil. Bu zaten dişi olduğumuz için bizim doğamızda var.

Mevcut ve sınırsız kaynağımızı keyifle, neşeyle, dişi olmanın verdiği hazla yaşamayı seçiyorum. Ben, içimdeki bu gücün her daim farkında olursam karşıma da benim gücüme güç katacak olgun bir eril çıkacaktır. Bunu biliyorum ve gücümün ve dişiliğimin farkında olmayı seçiyorum."

DİLEK

"Afrodit'imin ışığını kısanı buldum! İçimdeki o anne formatındaki öğretmen: Mürebbiye kılıklı, tek tip kıyafet, mükemmeliyetçi, gözlüklerinin üzerinden bakan, neredeyse eline bir çubuk alacak ciddiyette bir öğretmen! Neşelenmek ve yaratıcılık için zaman ayırıp hayal kurmaya hiç tahammülü yok. "Aman işi bitir!", "Evde her şey tamam mı?", "Sevgiliyle aran iyi mi?" gibi yüzeysel detaylara takılıyor ve içimdeki çocuğun neşelenip eğlenmesine hiç izin vermiyor.

Ben de bugün ona inat, bir sulu boya seti aldım. Yarından itibaren eğlenmeye başlıyorum."

BUKET

İçimdeki İnsancıklar

İçimizde farklı parçaların yaşadığını fark etmek çoğumuzu korkutur. Bir yandan da bu parçaların birbiri ile çatıştığını ve hayatımızdaki sıkıntıların tam olarak buradan kaynaklandığını görmek, çoğu insan için büyüleyicidir. "Problem kocamda değilmiş ya!" deriz. "İçimdeki anne o kadar baskınmış ki eşime de anne gibi davranıyorum. Bütün olay buymuş." ya da "Bu İçimdeki Eril Beril, hiç bir şey yapmadan yatmak istediğimde, beni yerden yere vuruyor!" diyebiliriz.

Bu İnsancıklar'ın varlıklarını kabullenir, onları tanır ve ayrımsar, onlarla özdeşleşmemeyi başarabilirsek, onlara uzaktan, adeta bir gözlemci gibi bakabilirsek, onlarla çatışmak yerine birbirleri ve benliğimizle uyumlu şekilde davranmalarını sağlayabiliriz. İkinci önemli nokta da bu İnsancıklar'ın bazılarının bizde yeterince gelişkin olup olmadığını fark etmek ve geliştirmektir.

İstediğimiz hayatı yaşayabilmek için benliğimizin tüm parçalarının olgunlaşması önemlidir. Aynı zamanda bir parçanın baskın olup her durumda ortaya çıkmasındansa hangi parçaya ihtiyacımız varsa onun, duruma göre ortaya çıkması konusunda bilinçli bir tercih yapabilmemiz de önemlidir.

Aslında "kendini gerçekleştirme" dediğimiz süreç de budur. Birbiriyle çatışan parçalarımızın birbiriyle uyum içinde olma durumudur. Bunu sağlamak için, "gözlemci konumu" dediğim konumdan bakabilmemiz, buradaki anahtardır. O zaman bazen eleştirel bir anne olup bazen battaniye altına saklanan küskün bir çocuk arasında gidip gelmeyiz.

Sonraki bölümlerde, Afrodit ile ilişkide olan temel parçalara bakacağız. Ondan önce, gel yeni bir alıştırma yapalım:

1) Aşağıdaki videoyu hangi rollerimizin baskın, hangi rollerimizin edilgen olduğuna yönelik olarak hazırlamıştım. Rolleri nasıl karıştırıyoruz? Nasıl bilinçli seçeriz? Bu videoyu seyret.

Evlilik Seksi (Aşkı) Öldürür mü?

2) Videodaki alıştırmayı uygula. Hangi rolleri kendinde daha çok gözlemliyorsun? Buraya not al.

Kendime Not

Eril Beril

İşimiz gücümüzde başarılı -ya da bir dönem başarılı olmuş- isek içimizdeki "eril" parçamız gelişmiş demektir. Bu parçaya "Aman ya... Biliyorum, maalesef eril fazlaca var bende!" demeden önce kendisini takdir etmeliyiz. Bize bağımsızlığımızı, hedefe kilitlenmemizi, her şeyi başarabilecekmişiz düşüncesini veren bu parçamızdır. Eril parçamız önemlidir. Artık kadın ile erkeğin rollerinin keskin çizgilerle ayrıldığı bir dönemde yaşamıyoruz. Kendi hayallerimizi gerçekleştirmek, kendi yaratıcılığımızı hayata geçirmek gibi arzularımız var. Bu nedenle eril özellikleri gelişkin olmayan kadınların sağlıklı dişil özellikler geliştirebilmesi de güçleşiyor. Çünkü genelde hayatlarındaki erkeğe bağımlı oluyorlar ve bu nedenle de 1. seviye ilişki yaşayabiliyorlar.

Bir yandan Eril Beril'imizi kabul edip takdir ederken diğer yandan da çoğumuzun dişiliğini ortaya çıkartmasına bunun engel olduğunu bilelim tabii ki. "Elinde sadece çekiç varsa her şey sana çivi görünür." misali, tüm dünyayı eril olarak yaşamaya çalıştığımızda dişiliğimizi kaybediyoruz.

Bu kitabı şu an okuduğuna göre, sadece Eril Beril olarak hayatı yaşamak sana da yeterli olmadı diye düşünüyorum. İçimizdeki eril ve dişil parçalar uyumla çalıştığında hayatımıza denge geliyor. Erilin içinde de birçok parça var. Burada oturup arketiplerin tarihçesini uzun uzun yazmak isteyen parçamı durduruyorum. Zira kitabın amacı bu değil. Onun yerine Eril Beril'in içindeki iki parçanın senin için önemli olduğunu söylemek istiyorum.

Baba: Kral arketipidir aynı zamanda. Sınırları çizer. Vizyon, disiplin, kararlılık sahibidir. Bu arketipi erkekler kadar kadınların da geliştirmesi elzemdir. Hayattaki yolumuzu tam olarak belirleyen parça Baba'dır. İçimizde aşırı eleştirel bir baba arketipi varsa bu bizi hem iş hayatında olumsuz etkiler hem de Afrodit'imizi gün yüzüne çıkarmamıza engel olur. Eğer bu arketip gelişkin değilse o zaman da karşımızdaki erkekler ile bu boşluğu doldurmaya çalışabiliriz. Erkeğe bağımlı ilişkiler yaşayabiliriz.

Kahraman: Savaşçı arketipidir. Baba (Kral) vizyonu ortaya koyar, Kahraman da gerçekleştirir. Eğer içimizde bu parça gelişkin değilse koyduğumuz hedefleri gerçekleştiremeyiz. Projelere başlar sonra sonunu getiremeyiz. Hayal kurarız, yıllar geçer, o hayaller bir türlü gerçekleşmez.

İçimizdeki Kahraman, aşırı gelişkin ve dominant bir parçamız ise bu sefer de gevşeyemez, rahatlayamayız. Ya da sevgilimizle yaşadığımız en küçük fikir ayrılığını büyük tartışmalara dönüştürür; sürekli bir atışma içinde oluruz.

Bu iki eril parçamız gelişkin olmadığında, bu boşluğu karşımızdaki erkeklerle doldurmaya çalışmamız çok olasıdır. Bu nedenle ilişkilerimizde Afrodit olmak istiyorsak bu parçaları geliştirmeliyiz.

Şimdi gel, minik bir alıştırma yapalım:

1) Bu bölümü okuduğunda sende neler uyandı? Bununla ilgili 6 dakika çalışması yap. Bakalım neler akacak kaleminden.

2) Ara verdikten sonra yazdıklarını tekrar oku. Neler dikkatini çekti? Erilinin çok baskın olması mı? Baba ya da Kahraman ile ilgili neler çıktı? Aşağıya not al.

3) Eğer "Baba ya da Kahraman bende aslında olgunlaşmamış parçalar." diyorsan o zaman yeni bir alıştırma yapabilirsin:

- Odaklanmak istediğin parçanın resmini çiz. Önemli olan resim kabiliyetin değil. Çizdiğinin Baba'ya ya da Kahraman'a benzemesi de önemli değil. İçindekini dışavurumun önemli. Belki bir kuş, bir kalem, bir çiçek çizeceksin. Kendine içindekinin dışa yansıması için izin ver.
- Sonra onunla karşılıklı konuş. Bakalım sana neler diyecek.

Kendime Not

İçimdeki Çocuk

"Dişiliğimi yaşamak benim için güvenlidir." cümlesi, bende korku ve acı çekmekten kaçma hissi oluşturmuştu. Bunu hisseden yatılı, disiplinli bir ilkokula giden, siyah önlüklü bir kız çocuğu. Okuldaki diğer öğrencilere uyum sağlamak istiyor, erkeklerin oynadığı oyunları oynuyor. İp atlamak, Barbie'lerle oynamak falan yok. Dişiliğini ortaya çıkarırsa dışlanmaktan, alay edilmekten, zayıf görülmekten, farklı olmaktan ve uyum sağlayamamaktan korkuyor. İsmi de Fadik."

MİNE

İçimizdeki Çocuk; en saf, en kırılgan parçamızdır. İçimizdeki Çocuk ile ilgili birden fazla çalışma yaptıysanız farklı yüzleri olduğunu bilirsiniz. Bazen 3 yaşında, bazen 15 yaşındadır. Bazen öfkeyle duvarları yumruklar bazen de sizi neşeyle dans ettirir.

Benliğimizin en anahtar parçasının İçimizdeki Çocuk olduğuna inanıyorum. Çocuk ile çalışmaz ve ona güvende olduğunu hissettirmezsek Afrodit olamayacağımız gibi yaratıcı ve huzurlu bir hayat da yaşayamadığımızı düşünüyorum.

"Çocuk büyümeyecekse, içimdeki bu kız yani, hep benimle mi olacak? Büyümeyecekse ben hep ebeveyn olacaksam eğer, Afrodit'liğim nasıl çıkacak ortaya?"

CANSU

Benliğimizin çocuk parçaları hiç büyümez. Benliğimizin en saf, en kırılgan, en acı çeken, en yaratıcı ve en hisli parçası çocuktur.

"Mitolojideki kurtarıcıların hepsinin çocuk tanrılar olması aslında hiç şaşırtıcı değil. Çocuk, gelecekteki kişilik değişiminin yolunu açar. Çocuk, karşıt kavramları birleştiren bir sembol, bir aracı, bir şifa kaynağı yani "bütünü oluşturan tek"tir. Böyle bir anlam taşıdığı için, Çocuk motifi çeşitli dönüşümler geliştirme kapasitesine sahiptir."

CARL GUSTAV JUNG

Lucia Capacchione, İçimizdeki Çocuk'un benliğimizin tam da merkezinde yer aldığını söyler. "Hisseden benliğimiz olarak bize istek ve enerji getirir. İçimizdeki Çocuk'u iyileştirip yaşamımızın bir parçası hâline getirmeden tam ve mutlu yetişkinler olmamız imkânsızdır."

Eğitim ve seanslarımda, danışanlarımın iş ortamında yöneticileriyle yaşadıkları sorunlarında, sevgililerini şikâyet ederken, yapmak isteyip yapamadığı hedeflerini konuşurken, İçlerindeki Çocuk kendini gösterir.

Çocuğun farklı yüzleri, farklı tezahürleri vardır. Bazen

öylesine küskündür ki sırtını döner, seninle konuşmaz. Bazen çok öfkelidir. Biz ona şefkatli ve koruyucu ebeveynlik yapabildiğimiz vakit ise tüm coşkusu, neşesi, yaratıcılığıyla kendini gösterir.

İlişkilerimizde kavga ettiğimizde, birbirimizin canını acıtmak istediğimizde, küserek ya da bağırarak iletişim kurduğumuzda iki yetişkin kavga etmez aslında.

İçimizdeki Çocuklar kavga eder.
Onlardır kırılan birbirlerine.

Ve tıpkı senin sevgilinden şefkat beklediğin gibi, sevgilinin içindeki Çocuk da senden şefkat bekler.

O şefkat gelmez... Ve biz İçimizdeki Çocuk'u korumak yerine, Çocuk'u karşımızdakinin önüne atarız. Can acıtıcı bir laf söyleriz, karşımızdaki de bize söyler. Çocuğumuz daha da kırılır, daha da öfkelenir.

İçimizdeki Çocuk'a şefkati, güveni, korumayı SADECE VE SADECE biz verebiliriz. Bunu kabul etmek de uygulamak da zordur. Kendiliğinden olmaz. Öncelikle bunu dışarıdan beklemekten vazgeçmemiz gerekir. Çoğumuz, ebeveynlerimizden sağlıklı ebeveynlik görmemiş olduğumuz için içimizde şefkatli, destekleyici ve koruyucu bir ebeveyn yoktur. Reparenting/yeniden ebeveynlik olarak tanımlanan bu süreçte, biz İçimizdeki Ebeveyni geliştiririz.

İyi haber şudur; Çocuk'la temas kurdukça iyi bir ebeveyn olmayı öğrenebiliriz. Hata yapsak da çocuk onunla ilgilendiğimizi gördükçe kendini açar. Biz de onu dinlemeyi öğrendikçe bizden ne istediğini anlar, ihtiyaçlarını karşılayabiliriz.

Peki, İçimizdeki Çocuk'u nasıl dinleriz?

1) Bedenimizi dinleyerek yapabiliriz. İçimizdeki Çocuk, beden dili ile konuşur bizimle. Zaten hastalıkların sebebi de bedenimizdeki duyumlara kendimizi kapatmamızdır. Bir taraftan da bedenimizi dinleyerek Çocuk'a erişmek ilk etapta zor olabilir.
2) Lucia Cappacione'in popülerleştirdiği Dışavurumcu Sanat ve sol elle (baskın olmayan elle) yazma pratiğini denersek, Çocuk ile ilk temasları daha kolay kurabiliriz. Ben bazen bu yöntemi kullanırım. Bazen de bedenimi dinleyerek Çocuk ile konuşurum.

Bu pratik çok kolaydır:

a) Kendine sakin bir ortam bul.
b) Kalemini, defterini al.
c) Önce sol elle (baskın olmayan elinle) Çocuk'un resmini çiz.
d) Bu resme bir bak. Neleri fark ediyorsun? Çocuk'a bakarken ne hissediyorsun?
e) Şimdi Çocuk ile yazıyla diyalog kuracaksın. Kâğıdını dikey olarak ortadan ikiye böl. Kâğıdın bir kısmına Ebeveyn olarak sen yazacaksın, diğer kısmına da Çocuk olarak yazacaksın.
f) Ebeveyn olarak yazacaksan, sağ elinle yaz. Sol elinle de Çocuk'un cevaplarını yaz.

g) Eğer diyalog su gibi aktıysa ne güzel. Yok, diyalog sarmala girdiyse, Çocuk kendini güvende hissetmediyse ve seninle konuşmuyorsa o zaman aşağıdaki ipuçlarını oku ve onunla tekrar temasa geç.

h) Süreç bittikten sonra kendine bir çay demle. Biraz dinlen ve açık bir zihinle diyaloğu oku.

- Çocuk'un duyguları neydi? Bu duyguları ifade edebildi mi?
- Ebeveyn bu duyguları yansıtma konusunda ne kadar becerikliydi?
- Çocuk ihtiyaçlarını söylemede ne kadar rahattı?
- İhtiyaçları karşılama konusunda Ebeveyn nasıldı? Çocuk'u manipüle etti mi? "Hayır, şu an olmaz!" gibi sert ifadelerde bulundu mu? Ya da tamamen Çocuk'un güdümüne girdi mi?
- Ebeveyn, hem kendinin hem de Çocuk'un ihtiyaçlarını karşıladı mı?

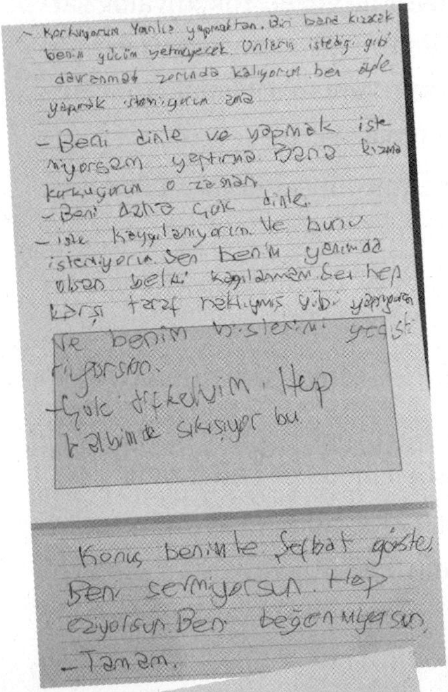
- Korkuyorum Yanlış yapmaktan. Biri bana kızacak benim gücüm yetmeyecek. Onların istediği gibi davranmak zorunda kalıyorum ben öyle yapmak istemiyorum ama
- Beni dinle ve yapmak istemiyorsam yaptırma. Bana kızma korkuyorum o zaman
- Beni daha çok dinle.
- İşte kaygılanıyorum. Ve bunu istemiyorum. Sen benim yerimde olsan belki kaygılanmam. Sen hep karşı taraf haklıymış gibi yapıyorsun Ve benim isteklerimi yetiştiriyorsun.
- Çok öfkeliyim. Hep kalbimde sıkışıyor bu

Konuş benimle şefkat göster, Beni sevmiyorsun. Hep eziyorsun. Beni beğenmiyorsun.
- Tamam.

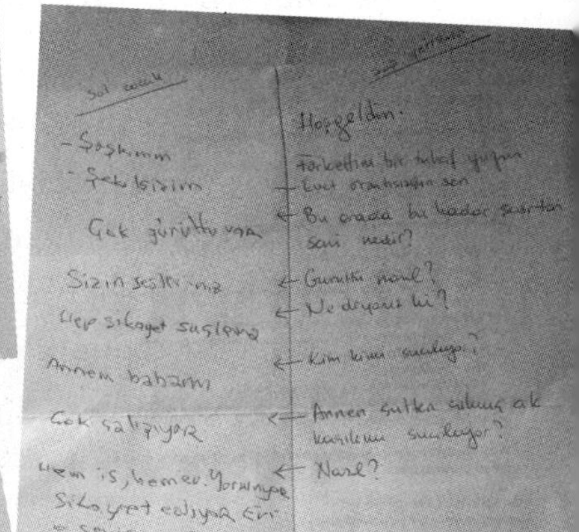
Sol çocuk

- Şaşkınım
- Şekilsizim
Çok gürültü var
Sizin sesleriniz
Hep şikayet suçlama
Annem babam
Çok çalışıyor
Hem iş, hem ev. Yoruluyor
Şikayet ediyor Evi o çeviriyor. Bizim ihtiyaçlarımızı görüyor.
O dış işlerden sorumlu. Benim sorumluluklarımı yapmama destek olmuyor. Kumar oynuyor Arkadaşlarıma biliyor. Çok utanıyorum.

Sağ yetişkin

Hoşgeldin.
Farkettim bir tuhaf yüzün
← Evet ortadasın sen
← Bu arada bu kadar gürültü sesi nedir?
← Gürültü nasıl?
← Ne diyorsun ki?
← Kim kimi suçluyor?
← Annen sıklıkla kocasını suçluyor?
← Nasıl?
← Baban'ın ailede farkı ne?

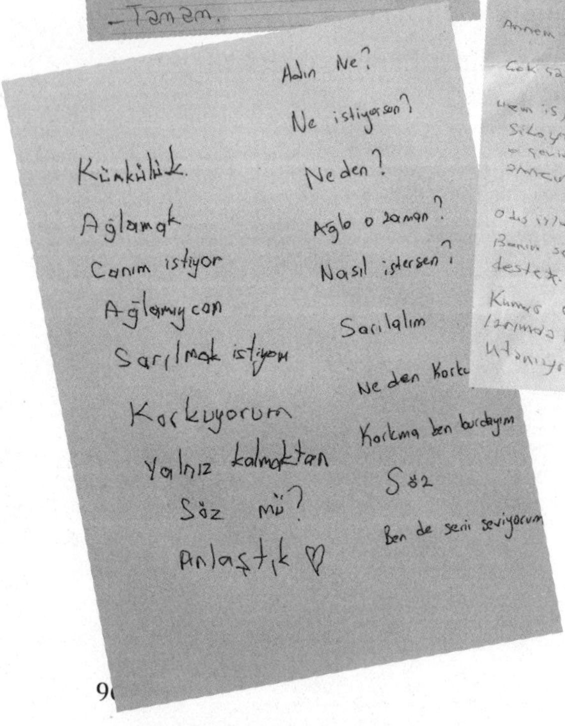
Adın Ne?
Kırıklık.
Ne istiyorsun?
Ağlamak
Neden?
Canım istiyor
Ağla o zaman?
Ağlamıyorum
Nasıl istersen?
Sarılmak istiyorum
Sarılalım
Korkuyorum
Neden Korku
Yalnız kalmaktan
Korkma ben burdayım
Söz mü?
Söz
Anlaştık ♡
Ben de seni seviyorum

3) Koçluk ve terapide, Çocuk'la temasa geçmek için Gestalt Çift Sandalye yöntemi, Sistem Dizimi gibi başka başka yöntemler de vardır. Yöntemlerden bağımsız olarak, özellikle İçimizdeki Çocuk ile bağlantı kurmak bizim için yeni ise bir koçun bize eşlik etmesi süreci kolaylaştırır. İçimizdeki Çocuk ile sürekli bağlantıda olabilmek için en azından sürecin başında profesyonel destek almanı tavsiye ederim. Bu destek sayesinde Çocuk ile doğru iletişim kurmayı, onun ihtiyaçlarını karşılayacak bir İçsel Ebeveyn figürü geliştirmeyi çok daha kolayca öğrenebilirsin.

Kendime Not

Peki, İçindeki Ebeveyn Çocuk'la temas kurarken nelere dikkat etmeli?

- "Üzülme!" ya da "Bir şey yok! Korkma!" gibi cümleler kurma. Çocuk'un ifade ettiği duyguları olduğu gibi kabul et ve ona yansıt. "Üzüldüğünü görebiliyorum," diyebilirsin mesela. Bu konunun altını çizmek isterim, zira çocuğa vereceğin "Onu yapma, bunu hissetme!" temelli her mesaj, Çocuk'a olduğu gibi kabul edilmediğini söyler. Hâlbuki bizim amacımız ebeveynlerimizin bize veremediği o koşulsuz sevgiyi, kendi Çocuk'umuza verebilmektir.
- Çocuk'un ifade etmediği durumları Çocuk'a yansıt: "Yüzüme bakmıyorsun. Gözlerini benden kaçırıyorsun." gibi. Burada önemli olan, bunları şefkat enerjisiyle söylemek; Çocuk'a görüldüğünü hissettirmektir. Ebeveyn parçan, bunları söylerken sitem eder hâlde söylüyorsa "Çocuk" kendini kapatır.
- Çocuk'un ifade etmediği duyguları tahmin ederek -ve soru cümleleri kullanarak Çocuk'a yansıt: "Bana kırgınsın sanırım, değil mi?" ya da "Bana öfkelisin galiba." gibi. Burada da anahtar, "Senin duygun kesin budur." enerjisiyle söylememektir.
- Çocuk'tan özür dileme, af da dileme. Neden biliyor musun? Özür de af da içinde suçlu-suçsuz kavramlarını barındırır. Hâlbuki içindeki ebeveyn bugüne dek daha iyisini yapamadı çünkü bildiği ebeveynlik bu kadardı. Çocuğun ihtiyacı olan özür değil. Onun ihtiyacı, olayı olduğu gibi görüp sorumluluk alacak bir

yetişkin. "Şu ana kadar seni dinlemediğim için kırgın olduğunu görebiliyorum. Bundan sonra bunun böyle olmayacağını sana söylemek istiyorum. Seninle düzenli temasa geçeceğim."

- Kendi duygularını da Çocuk'la paylaşabilirsin. Orada dikkat etmen gereken nokta, duygularının sorumluluğunu alman olacaktır: "Ben üzgünüm," de ama "Senin bu durumun beni üzüyor," ya da "Beni üzüyorsun," deme sakın. O zaman çocuğa, "Beni üzme!" alt mesajı vermiş olursun.
- Tutamayacağın sözler verme. Ama söz vermemek için de sorumluluktan kaçma. Nasıl yapabilirsin? Diyalog kurarak, samimi ve dürüst konuşarak: "Senin isteklerini karşılamakta şu zamana dek çok başarılı olamadım. Şimdi de bir yandan ya yine başarısız olursam diye korkuyorum. Ama elimden gelenin en iyisini yapma konusunda artık kararlıyım. Benden isteklerini net bir biçimde söylersen bunu daha kolay yapabilirim. Ne dersin? Mesela şu an ne istiyorsun, bana söyler misin?"
- Çocuk'la çocuk gibi konuş. Ona karmaşık cümleler kurma.
- Çocuk'un istekleri genelde basit ve nettir. Çocuk'a isteklerini direkt sor.
- Çocuk'a ne istediğini sormaktan çekinme. Orada sorumluluk da yine ebeveyn parçamıza ait. Çocuk'u mutlu edecek bir kombinasyon bulacağına güven.
- Çocuk'la sık iletişime geç.

"Kızın adı: Leyla. 6-7 yaşlarında. Saçları düz, küt ve benimkilerden daha sarı, kahküllü. Leyla, masanın üzerinde dans ediyor. Üzerinde yaşına uygun olmasa da kendisine çok yakışan, gri parlak pullu, dar, kolsuz, mini bir elbise var. Gülüyor. Gözleri iri, cam gibi ve kirpikleri güzel.

İlk düşündüğümde mutlu olduğunu düşünmüştüm ama sanki içindeki dengesizliği saklamak için dans ediyor ve gülüyor..."

"Bu kız çocuğu çok minik, çok savunmasız... Annesi onu tutmuş elinden, okuluna bırakmış. İnanır mısınız; çok yalnız ve ürkmüş. Kimsesi yok. Ama çok güçlü, asla ağlamıyor. Bu kız terk edilmiş, istenmemiş, dışlanmış. Onun bir adı yok çünkü onun aitliği yok. O ne annesinin ne babasının kızı ne de kardeşlerinin biriciği. O sevmeyi ve sevilmeyi bilmiyor. Dünyadan ve insanlardan çok korkuyor."

"6-7 yaşlarında. Kahverengi bir hanın devamındaki kaldırımda, dizlerini karnına çekmiş, elleri karnında bağlı oturuyor. Tüm vücudu tir tir titriyor. Üzerinde yeşilli kırmızılı ekoseli bir etek, ayağında siyah çizmeler var. Saçları siyah, kıvırcık. Gözleri nemli; çok incinmiş hâlde. Korkuyor, acı hissediyor. Islak gözlerle sol tarafa, Han'dan diğer tarafa bakarak "Güçlü olmalıyım, güçlü olmalıyım!" diyor. Zangır zangır titrerken, durmadan bunu tekrarlıyor."

"Çok zayıf, omuzları çökmüş, 11 yaşında bir kız. Hayatta yalnız, kimseye güvenmiyor. Üzgün. Güçlü olmak zorunda çünkü onu destekleyen kimse yok. Eğer kendi kendine sahip çıkmazsa yok olabilir. Kimseye güvenmiyor çünkü babası ve ağabeyi dahil olmak üzere herkes ona ihanet etmiş. Annesi zaten yok. Gücünü bırakırsa yok olabilir. Üzüldüğünde onu avutacak kimse yok. Kendine ait bir dünyası var o da onun kalesi. İçeri kimseyi sokmuyor hâliyle. Görevi hayatta kalmak, kendini sıkıntıya düşürecek durumlara karşı tetikte olmak."

İçimdeki Anne

"Kendimi bildim bileli "abla"ydım. Hem üç kardeşin hem de anne tarafından yedi kuzenin en büyüğü. İnsan sanırım kendisini kendi yapan hayat şartlarından bahsederken çoğu zaman şikâyet etme eğiliminde oluyor. Ben de "abla" olmayı çoğunlukla ailemin bana yüklediği bir yük diye anlatırım. Daha kendim küçücük bir çocukken kardeşlerimin yaptığı yaramazlıklardan benim de sorumlu olduğum cendere duyguları ile. Tüm bunlar doğrudur da ama madalyonun öbür tarafında sanırım başka duygular, başka durumlar da oluşmuş. Olgunluk, anlayış, sakinlik, karşındakine yardımcı olma gibi konular da gelişmiş içimde..."

Yıllar önce yazdığım hikâyem böyle başlıyor. Ben abla idim. Abla olmak, herkesi koruyup kollamak ve herkesten kendini sorumlu sanmak beni ben yapan hikâyemdi.

Bu abla olmanın yani İçimdeki Anne'nin gelişkin olmasının hayatıma birçok avantajı oldu. Ben hep o güvenilen insan oldum. Yöneticilik kariyerimde de şu an yaptığım işte de insanları gözetmem, onlara kendi derinliklerini açabilecekleri güvenli sıcak bir ortam yaratmam kendiliğinden oldu.

Öte yandan, her aydınlığın bir de karanlığı var. İçimizdeki

Anne'nin gelişkin olmasının avantajları olduğu kadar dezavantajları da var. Dezavantajı, özel ilişkilerimizde kendimizi Anne'den var etmemiz. Bu da kendimizi kocamızın da annesi sanmamıza yol açabilir. Sevgililerimizin hangi eğitimi alması, neyi nasıl yapması gerektiği konusunda bıdı bıdı konuşuyorsak ona "Anne" arketipinden davranıyoruz demektir. Yahut sevgilimizin kariyerinde ilerlemesi için biz ona destek olmaya çalışıyor, evin geçimini biz üstleniyor ve ona para kazanmadan hayatını sürdürmesi için biz bakıyorsak yine "İçimizdeki Anne" aktif demektir.

Böyle olunca da ilişkide Afrodit olarak var olamayız. İçimizdeki bu "İyi Anne"nin ilişkilerimizde ortaya çıkmasını bilinçli bir şekilde engellememiz gerekir. Ancak bu kolay olmayabilir. Çünkü çocukluğumuzda bu İyi Anne'yi geliştirerek duygusal olarak hayatta kalabilmişizdir. İyi Anne'nin ilişkilerimizde ortaya çıkmamasının kısa bir süreç olmayacağını bilmemiz, kararlı olmamız ve profesyonel destek almamız bize yardımcı olabilir.

İkinci önemli konu da bu İçimizdeki Anne'nin İçindeki Çocuk'a değil dışarıdaki insanlara ebeveynlik yapmasıdır. İçimizdeki Çocuk buna isyan eder. "Sen hep başkalarını düşünüyorsun. Ona 'evet' dedin ama ben dinlenmek istiyorum. Parka gitmek istiyorum..." Başkalarını kurtarmaya çalışırken, İçimizdeki Yaralı Çocuk'u göz ardı etmemiz beni hüzünlendirir.

"İlk okuduğumda beni en çok sıkıştıran, 'Hem anne hem Afrodit olamam.' düşüncemdi. Önce çok şaşırdım. Anne değilim çünkü. Sonra 6 dakika çalışması yapınca anne

olmasam bile herkese -sevgilime, aileme, arkadaşlarıma- yapmaya çalıştığım analıklardan kendimi unuttuğumu; kendi önceliğimi bırakıp herkesi kurtarmaya çalıştığımı; kendi yaratıcı özüme, alan, zaman, mekân açmadığımı, Afrodit'çiğime "Olsan da olur, olmasan da," şeklinde önemsemeyerek yaklaştığımı fark ettim."

ARZU

Şimdi gel, yine bir alıştırma yapalım. İçimizdeki Anne'ye bakalım.

1) Önce bir durum tespiti yapalım.

a) Anne arketipin gelişkin mi?

b) Olması gerekenden fazla mı gelişkin? İnsanlarla olan ilişkilerinde nasıl ortaya çıkıyor?

c) Sevgilinle ilişkilerinde ne zaman Anne'den davranıyorsun?

Bu sorular üzerine yine bir 6 dakika çalışması yap. Çalışmayı yaptıktan sonra, yine ara ver. Aradan sonraki farkındalıklarını aşağıya not al. Ve bizimle paylaş.

Kendime Not

2) İçindeki Çocuk'tan İçindeki Anne'ye bir mektup yazacaksın.

a) Sakin ve rahatsız edilmeyeceğin bir ortamda sol elinle (baskın olmayan elinle) İçindeki Anne'ye ne söylemek istersen yaz. Burada kendine İçindeki Çocuk olmak için izin vermen önemli.

b) Ara ver. Aradan sonra bu sefer İçindeki Anne olarak mektubu oku. Ne hissediyorsun? Neyi fark ediyorsun?

c) Farkındalıklarını aşağıya not al. Ve bizimle paylaş.

İçimdeki Malefiz

Malefiz filmini ilk seyrettiğimde ağlamamı durduramadığımı hatırlıyorum. Kocam şaşırmış, bana ne olduğunu sormuştu. Ne olduğunu anlayamamıştım. Film boyunca ağlamış; film bittikten sonra en az bir yarım saat daha ağlamaya devam etmiştim.

Ruhumuz bazen filmler, romanlar, rüyalar aracılığıyla seslenir bize. Ruhumuzun karanlık taraflarına ittirdiğimiz parçalarımız, dış dünyada karşılıklarını bulunca başlar hikâyemiz.

Malefiz, benim gölgem. Ya da uzunca bir süre, Gölge'min önemli bir yansımasını temsil eden parçam, diyelim. Dişiliğimi geliştirme yolculuğumda, çeşitli çalışmalarda Malefiz karşıma çıktı. Onu resmettim, onu çizdim, onu yazdım.

Malefiz, gölgemiz, bizim karanlık tarafımız, kötü değildir. Ama sarsar bizi. "En derin çalışma en karanlık olandır," der Clarissa Estes. Öyledir. Biz gölgenin bizi sürüklediği o karanlık, puslu yerleri pek sevmeyiz. O çirkin taraflarımızla tanışmak istemeyiz. Gölge, artık öldürmemiz gereken parçalarımızı yıkıp atar. İçimdeki o "Fazlasıyla İyi Anne"yi Malefiz öldürmüştür.

Gölge yıkımları o kadar şiddetli olabilir ki feleğimizi bile şaşırabiliriz. Eğer bu süreçte destek alırsak yaşadıklarımızı en azından bir seviyede anlayabilmemiz mümkün olur. Öbür türlü tamamen sürükleniriz.

Burcu'nun yıkıcı parçası, 15-18 yaşlarında asi bir ergen. Malefiz gibi dış görünümünde bir karanlık da yok. Alaycı, aldırmaz bir parça. Burcu'nun hayatındaki tüm başarı kriterleri ile dalga geçiyor. Burcu, Türkiye'nin en iyi liselerinden birinde okumuş, erken yaşta yönetici olmuş, erken yaşta iki çocuk sahibi olmuş. Aslında kariyeri ile ilgili problemleri için koçluğa başlıyor. Arada, konu eşine geliyor. Eşi ile uzun süredir seks yapmıyorlar, bundan mutsuz. Ama bunu da çözülecek bir proje olarak görüyor. Önceliklendirmiyor. "Şu an Genel Müdür'ümle ilgili problemlerimi çözmeye odaklanmak istiyorum, kocamla olan problemler sonra." diyor.

Şirketteki konulardan bahsederken, konu ara ara Can'a geliyor. Şirketteki çok yakışıklı, çok karizmatik bulduğu ama bunu doğrudan dile getirmeyip, "İnsanlar çok yakışıklı buluyorlar," dediği Can'dan ne zaman bahsetse enerjisi yükseliyor. Ben burada bir şeylerin kokusunu alsam da Burcu her seferinde konuyu kapatıyor.

Bir sabah erkenden Burcu'dan bir mesaj alıyorum: "Müsaitsen seni arayabilir miyim?" Bu planlı, kontrollü kadından bu mesajı almak çok normal değil. "Arayabilirsin," diye yanıt yazıyorum. Telefonda, iş seyahatindeyken, Can'la öpüştüklerini anlatıyor ve acil seans istiyor. Seansta "Bana ne yapacağımı söyle?" diyor. "Ne söylememi istersin?" diyorum. "Kesinlikle Can ile görüşme!" de. "Saçmalama!" de. "Biliyorsun Gülen, ben ilişki falan yaşayamam. Böyle bir şey çok saçma olur."

Burcu'ya bunu diyenin İçindeki Otoriter Baba olduğunu, içindeki o Asi Ergen'in ne dediğini merak ettiğimi söylüyorum. Seansta Ergen dalga geçiyor. "Sen böyle konuş istediğin kadar!" diyor. "Ben bildiğimi okurum!"

Burcu bu dinamiği görse de "Baba" arketipi ile o kadar özdeşleşmiş ki "Ergen"i de kendi parçası olarak kabul etmesi zor oluyor. Ve Burcu Can ile asla bir ilişki olmaz derken ilişki yaşamaya başlıyor.

Gölgemizin Malefiz gibi, Ergen gibi farklı tezahürleri olabilir. Biz daha küçük bir çocukken kendimize ideal bir kişilik yaratırız. Bu kişiliği köken ailemizde var olabilmek için geliştiririz. Bu ideal kişiliğe uymayan tüm özelliklerimizi dışlarız. Ama ruhumuz tamamlanmak ister: "Bak, sen o kadar iyi bir insan değilsin. Nefret de hissediyorsun!" der. Ya da "Kendine ideal bir koca, ideal çocuklar yarattın diye hayatın da ideal olacak sandın. Oysa ne senin hayatın ideal ne de sen idealsin. Vahşi bir tutku istiyorsun aslında hayatında ve ben senin o sözde ideal hayatını yerle bir edeceğim."

Gölgemiz bizi hayatımızı değiştirmeye iter. Jung, "Ego ne kadar güçlüyse gölge de o kadar güçlüdür." der. (Buradaki ego tanımı, gündelik dildeki "egosu çok yüksek" manasındaki tanım değildir. Ego; yaptıklarımız, başardıklarımız, somut olarak var olan, görünen, bilinen tüm parçalarımızı barındırır.) Dolayısıyla maalesef egomuz ne kadar büyükse çatışma da -çoğu zaman- o kadar güçlüdür.

Biz gölgemizi bastırdıkça hastalıklar, yasak ilişkiler, ilaç ya da alkol bağımlılıkları gibi semptomlarla o bizi sarsmak ister. Hiç yapmayacağımızı düşündüğümüz şeyleri yaparız. Yaptıktan sonra yaptığımızı redderiz. "Bir daha yapmayacağım!" deriz. Ve yine yaparız.

Gölgemize gözlemci konumundan, onu reddetmeden ve yargılamadan bakabilmek zordur. Neyi yıkmamız için bizi sarsmak istediğini anlamamız ve sonra da kabul etmemiz zordur. Ego, kendini korumaya alır. Profesyonel destek gerektirir. Üstelik destek alsak da kolay bir süreç değildir. Ve o desteği en son raddeye gelene kadar almamaya da sıkça rastlanır.

O nedenle bu bölümde gölgeniz aktive olduktan sonra yapabileceğiniz önerilere yer vermeyeceğim. Öte yandan, insanlarda en kabul edilemez bulduğumuz özellikler bizim karanlık tarafımızda yer aldıklarından, gölgemize buradan temas edebiliriz. Seni tetikleyen bir olay yaşadığında bunu gölgenle minik bir temas için kullanabilirsin. Eğer görelim, gölgemde neler gizli diyorsan, aşağıdaki alıştırma seni bekliyor.

Alıştırma

Bu aşağıdaki sorular sana ne çağrıştırıyorsa, 6 dakika çalışması yaparak cevapla:

1) İnsanlar sana yaptıklarında seni en delirten davranışlar hangileri?
2) Bu davranışlar sende var mı? Yok mu? Sende olması hiç kabul edilemez mi olurdu?

Şimdi bir ara ver. Açık ve tarafsız bir zihinle yazdıklarını oku. Ne fark ediyorsun?

Kendime Not

Peki, Bu İnsancıklarla Ne Yapacağım?

Kitabı buraya kadar okuduysan ve alıştırmaları da yaptıysan şimdi belki bir parça karışık hissediyorsundur. Belki moralin bozuldu, belki yoruldun.

İçimizdeki Çocuk ile karşılaşmak... İçimizdeki Anne'nin ilişkilerimizde etkin bir parça olduğunu fark etmek... Gölge'mizin varlığını hissetmek... Tüm bunlar yorucu olabilir.

Belki içinde heyecan var. "Bu parçalarımla tanıştım, şimdi ne yapayım?" diyorsun. Belki de yoruldun, bir parça tazelenmeye ihtiyacın var. Bu parçalarınla çalışmaya tabii ki devam etmeni, özellikle de İçindeki Çocuk'u dinlemeyi ve ihtiyaçlarını karşılamayı unutmamanı öneririm.

Kitabın sonunda, bu yolda nasıl devam edebileceğine dair önerilerim olacak.

Ama şimdi gel, bu çalışmalara devam etmeden, Afrodit'imizden güç alalım. Afrodit'imizi uyandırmak için ne yapabiliriz ona bakalım. Ne dersin?

Afrodit'i Uyandırmak

Afrodit'im gelişsin istiyorum.
Ama hemen gelişsin istiyorum.
Olmaz mı yani?

Şimdi yaşım da gelmiş kaça.
Hâlâ Afrodit olamamışım.
O yüzden, acele ediyorum.

Bu kitaptaki tüm alıştırmaları yapsam
yüzde kaç gelişir Afrodit'im sizce?
Yani ortalama bir değer de mi veremezsiniz?

Afrodit olabilmek;

hızlı çözümler aramak yerine yavaşlamak için kendine izin vermen demek.

Afrodit olabilmek;

sürecin içinde tüm olana kendini açmak demek.

Afrodit olabilmek;

kalbini açmak, açılınca gelen duygulara kabul verebilmek demek.

Afrodit olabilmek;

acı çekerken de kendi acının içinde kalabilmek demek.

Afrodit olabilmek;

anın içindeki keyif ve hazla gevşeyebilmek demek.

Afrodit olabilmek;

"aşk" olmak demek...

Kitabın bu bölümünde, Afrodit'imizin bu özelliklerini uyandıracağız.
Hazır mısın?

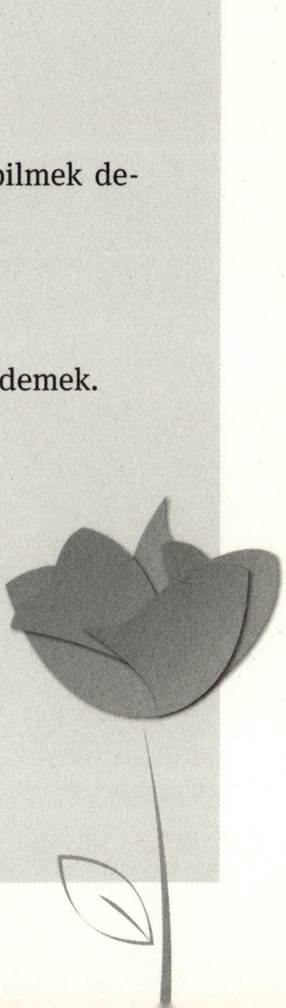

Bedenimle İlişkim

"Bir telekom şirketinin kocaman toplantı odasında sekiz on kişiyiz. Biz tedarikçi tarafız. Şimdi konusunu bile hatırlamadığım ama o vakitler hepimizin çok önemli gördüğü bir toplantı yapıyoruz. Kâğıt bardaklarda acı makine kahvesiyle, iyice buruklaşmış çaylar içiyoruz. Proje yöneticisi, hem bizden hem de şirketteki iş arkadaşlarından gözlerini kaçırıyor.

Nefesimi tuttuğumu hayatımda ilk defa bu anda fark ediyorum. Etrafımdakilere belli etmemeye çalışarak derin derin nefes almaya kendimi zorluyorum ama başaramıyorum. Odanın havasızlığından demek istiyorum kendime ama diyemiyorum. Zira oda gayet havadar.

Gerginliğimi bastırmak için nefesimi tuttuğumu anlıyorum. Bunu anlamak gülümsetiyor beni. Umutlanıyorum, bunu fark edebildiğime göre artık duygularımı bastırmaktan vazgeçebilirim sanki."

Ben bedenimi dinlemeye, o gün yeniden başladım. Bedenimi nefesimi tutarak bastırdığımı anladığım o gün.

Sağlıklı nefes almayı zamanla öğrendim. Öte yandan,

hâlâ beni geren, üzen, korkutan bir durum olduğunda nefesimi tutmaya yatkınlığım devam ediyor. Ama artık nefesimi tuttuğumu fark edebiliyorum. Burada ne oluyor diye bakıyorum.

Çoğumuz nefesimizi tutarız. Bunu yaptığımızı da çoğunlukla fark etmeyiz. Duygularımızla ve bedenimizle bağlantımızı koparmak için nefesimizi tutarız. Kendimizi sıkarak; başımız, boynumuz ve göğsümüzü parça parça kızartan o sıcak öfkeye, midemizin üstüne bir yumruk gibi oturan hayal kırıklığına, boğazımızdaki o tırtıklı yumruya kulaklarımızı tıkamayı başarabiliriz.

Duygularımızla bağlantımızı koparmayı daha küçük bir çocukken öğreniriz. Küçükken, ebeveynlerimizden aldığımız ilgiye bağımlıyızdır. O yüzden de onların kabul etmediği tüm duyguları bastırmayı öğreniriz. Bize "Buna da ağlanır mı?" ya da "Anneye öfkelenemezsin. Terbiyesiz!" derler. En iyi niyetli ebeveynler bile çocukları korktuğunda "Yavrum, korkacak bir şey yok. Geçti, geçti." diyebilirler. Öfkemizi, üzüntümüzü, küskünlüğümüzü, korkumuzu bastırmayı öğrenmemiz çocuklukta başlar. Zaten, bedenimiz de bize ait değildir. İstemediğimiz yemekleri, istemediğimiz porsiyonlarda yemek için zorlanırız. Böylece tok olup olmadığımızı ya da hangi besine ihtiyacımız olduğunu bize söyleyen duyumlarımızı da kapatırız. Büyüklerimizden "Senin bedenin değil, ben bilirim." mesajı aldıkça, bedenimizdeki durumları duyamaz oluruz.

Amma velâkin, tüm bunlar için ebeveynlerimizi suçlamak yararsız olduğu kadar saçmadır da. Ebeveynlerimiz de bedenleriyle bağlantılarını kopardıkları için bize öyle davranırlar. Üstelik sadece ebeveynlerimiz değil, modern hayatın tüm yapıları -Okul, iş yerleri, restoranlar, medya, sosyal medya- bizi bedenimizle bağlantılı olmaktan koparır. Hareket ihtiyacımızı bastırırız ki okul sıralarında oturalım. Boşaltım sistemimizi ders bitene dek tutmayı öğreniriz ki okulda disiplin sağlanabilsin. Okuldaki bu eğitim bizi iş hayatına da hazırlar. İş hayatında da uzun toplantılarda oturabilir; dinlenme, rahatlama, oyun gibi ihtiyaçlarımızı ise sürekli yok sayarak yaşayabiliriz.

Bedenimiz, duygularımız, sezgilerimiz ve ihtiyaçlarımız, birbirlerine bağlı olarak çalışırlar. Bedenimdeki duyumlara, örneğin karnımın üstünde oluşan burulma hissine odaklandığımda bana hayal kırıklığımı; bu duygu ise mesela verimlilik ihtiyacımın karşılanmadığını söyleyebilir. Bu mesajları alamadığımızda ihtiyaçlarımızı karşılayamayız. O zaman da ne olur biliyor musunuz? Vücudumuz kendini duyurabilmek için mesajı büyütür ve hasta oluruz.

Doğayla uyum içinde yaşayan ve biz uygarların "ilkel" dediği toplumlarda zihin-beden-ruh ayrılığı olmadığından çok bahsedilir. Modern dünyada ise zihni yüceltiriz. Beden ve duygular zihinle kontrol edilmesi gereken şeylerdir. "Öfke kontrolü" deriz. Duygu kontrolü, zihinle kilo kontrolü. Hastalıklara da ruhumuzun ve bedenimizin bize ilettiği mesajlar olarak bakmak yerine savaş açarız.

"Bedenimiz en iyi, kendimiz için tam olarak doğru olan işi yaptığımız zaman çalışır. Tanrı'nın bizim için dilediğini bilmek istiyorsak beceri ve yeteneklerimize bakmalıyız -onu bulacağımız yer burasıdır. Tatmin oldukları işlerle meşgul olan kadınlarda sağlık pekişir. Bir kadın

beceri ve yeteneklerinin ne olduğunu öğrenmek istiyorsa kültürün onu gerçek bir transa henüz geçirmemiş olduğu dokuz-on bir yaşları arasındaki hâlini düşünebilir. Ne yapmayı severdi? Ne olmak istiyordu? Kim olduğunu düşünüyordu?"

Kadının Bedeni, Kadının Bilgeliği

Dr. Christiane Northrup

Afrodit'imiz ile tekrar bağlantıda olabilmek, bedenimizle tekrar bağlantı kurmaktır.

Bedenimize zihinle kontrol edilmesi gereken bir varlık olarak bakmak yerine; bedenimizin, duygularımızın, sezgilerimizin aklımızla bir bütün olabilmesine izin vermektir.

Peki, bunca yıllık kodlanmamızı ne yapacağız da aşacağız? Yol çok mu uzun?

Evet, yol uzun. Üstelik içinde yaşadığımız ataerkil dünya içinde, bedenimizi ve ruhumuzu dinlemede kalmak da her zaman kolay değil. Benim gibi sen de bir yandan eril (insan yapımı) dünyanın içinde olmak istiyorsan, tamamen doğaya (dişile) dönemezsin.

Yapmamız gereken şey, sadece bu yolda ilerlemek ve aslında ulaşacağımız bir hedefin olmadığını bilmek.

Bireysel seanslarda, danışanlarımla genelde ilk seanslarda "Ne hissediyorsun?" sorusuna aldığım cevaplardan bazıları şunlar:

- Bir şey hissetmem mi gerekiyor?
- Ben size tam olarak ne olduğunu anlatamadım galiba bir daha anlatayım...

- Kocam ondan sonra bana dedi ki "Sen de boş yere kafanı takıyorsun. Rahat ol..." dedi. Ben de ona dedim ki...
- Bir şey hissetmiyorum.

"Ne hissediyorsun?" sorusuna "Hissetmiyorum," cevabını verebilmenin bile önemli bir adım olduğunu söylemeliyim. Zira genelde zihindeki değerlendirmelerimizi, düşünce ve yorumlarımızı anlatmak istiyoruz.

Öte yandan, bedensel duyumlarımızı fark etmeyi öğrendikçe artık normal hayatta da bedenimizi daha fazla dinlemeyi öğreniriz. Aslında yeniden hatırlarız.

Evet, bu kadar zihinsel bilgi şimdilik yeter bence. Hadi şimdi gel alıştırmaya geçelim.

1) Bedenini dinlemen, duyumları fark etmen için bir video hazırladım.
Bu video seni bedenindeki duyumları keşfe çıkaracak yönlendirmeli bir meditasyon içeriyor.

2) Videoyu seyrettikten hemen sonra, hiç ara vermeden, meditasyonu yaparken fark ettiklerini aşağıya yaz.

1) Duyumlarım: Bedenimde neler hissettim?
2) Duygularım: Hangi duyguları, nerede hissettim? Sayfa 132-135'deki duygu listesinden kopya çek.
3) Mesajlar: Bedenimin bana mesajı neydi?

Kendime Not

Duygularım

"Yatakta yatıyoruz. Midemin tam üstündeki büzüşme, bana ağlama hissi veriyor. Ancak ağlamayacağım. Şimdi de kalbim sıkışıyor. 'Allah seni kahretsin, ne yapıyorsun sen? Bize ne yapıyorsun?' demek, onu kollarından tutup sarsmak istiyorum. Şöyle bir sallasam, iyice bir sallasam düzelir belki her şey.

Gözlerimi kapayıp derin bir nefes alıyorum. Elimi kalbime koyuyorum. Kalbimde acı var. Fiziksel bir acı neredeyse bu... Hüzünleniyorum. Onun da acı çektiğini, bu acının da aslında tek bir acı olduğunu görüyorum. Bir parçası O'nda, bir parçası bende.

Kalbimde hissettiğimi anlatıyorum ona. Ağlayarak anlatıyorum. Korkarak, beni incitmesinden korkarak anlatıyorum. Arada inciniyorum da... İncindikçe kalbim kapanıyor. Tekrar açıyorum. Dikkatim çarpan kalbimin üzerinde, kalbimin bir açılıp bir kapanmasını şaşırarak ve hayranlıkla seyrediyorum.

O gün çözüme kavuşmuyor hiçbir şey. O ay da kavuşmuyor. Ama ben acının hep sandığım gibi depresif bir şey olmadığını anlıyorum.

Acının içinde kalabilmenin beni güçsüzleştiren değil, güçlendiren bir şey olduğunu anlıyorum.

Acının, kalbimi nasıl açtığını o gün anlıyorum."

Biz kadınlar, bu dünyaya duygularımızı yaşamak için geldik. Dişil özümüzün en derinde arzuladığı şey duygularımızla temasta olmamız. Kalbimizle temasta olmamız... Kalbimizi açabilmemiz.

Kalbimiz, duygularımıza, hissetmeye açılan bir kapı. Bu kapının ardında hayat var. Hem acı hem de coşku var. Kapıyı açtığımızda sadece coşku gelsin, sadece aşk gelsin istesek de bu mümkün değil.

Ama biliyor musun? Bu kapıyı açmaya cesaret ettikten bir süre sonra acıdan da kaçmıyorsun. Acının içindeki coşkuyu, coşkunun içindeki hüznü, hüznün içindeki huşuyu yaşamaya başlıyorsun.

Yaşamayı öğreniyorsun.

Bunu yapabildiğimizde, sadece hayatımızdaki erkekle değişmiyor ilişkimiz. Çevremizdeki herkes, bu yaşayan enerjiye, bu canlı enerjiye çekiliyor. Zira biz insanlar birbirimizle aslında kalplerimiz aracılığıyla bağlantı kuruyoruz.

Peki nasıl olacak da bu kapıyı açık tutacağız? Nasıl olacak da duygularımızı yaşamak için kendimize izin vereceğiz? Nasıl olacak da onları ifade edebileceğiz?

Senelerce eril bir eğitim aldıktan sonra bunu nasıl yapacağız?

"Birçok kadına daima neşeli ve mutlu olmamız gerektiğini düşünmek -hissetmek değil, düşünmek- öğretilmiştir. Bu yaklaşım kaçınılmaz olarak ihtiyaçların bastırılmasıyla sonuçlanır. Üzüntü ve acı yaşamın doğal parçalarıdır. Aynı zamanda harika birer öğretmendirler. Üzüntüyü ya da acıyı deneyimlemeyen, hayatını tamamlamaz. Yine de kültürümüz bize acıyla ilgili bir sorun olduğunu, onu ilaçla susturmak, inkâr etmek ya da neye mal olursa olsun bir yolla ondan kaçınmak gerektiğini söyler -ve bunun bedelleri son derece yüksektir."

Kadının Bedeni, Kadının Bilgeliği

Dr. Christiane Northrup

Kalbimizi açmayı yeniden öğrenmemiz mümkün. Öte yandan, biz daha minicik bir çocukken dikkatimizi duygularımızdan; düşünce, mantık, yorumlar, kıyaslarla her türlü değerlendirmelerimize çevirmeyi öğrenmeye başladık. Kimin suçlu kimin haklı olduğunu konuşmayı öğrendik. Hayatı "kafamızda" yaşamayı öğrendik. Böyle olunca da tabii ki duygularımızla ne yapacağımızı bilemiyoruz. Bana "Ama duygusal olmak da iyi bir şey değil sonuçta, değil mi?" diye çok sorulur. Bu soru geldikçe hüzünlenirim. Duygular deyince aklımıza sadece bastırmak veya duyguların girdabında arabesk bir hayat yaşamak şeklinde iki yöntemin gelmesine hüzünlenirim. Senelerce böyle bir hayat sürmüş olmama hüzünlenirim. İçimdeki Çocuk'un aşağı burulmuş dudaklarını hissedip, hüzünlenirim.

Hâlbuki duyguları yaşamaya izin vermenin bu iki işlevsiz yöntem ile pek bir alakası yoktur. Bir önceki bölümdeki videoyu seyrettiysen, duygulara teması deneyimledin demektir. Özetle, duygularımızla gerçekten bağlantıya şu şekilde geçeriz:

1) Bedeninde duyumlarını hisset.
2) O duyumdan duygunu bul ve adlandır. Adlandırmak seni daha rahat gözlemci konumuna getirecek.
3) Duyguna gözlemci konumundan bak. Yani duygunla teması kaybetme ama onun içinde de kaybolmadan, duyguna bak.
4) Duygunu dinle: Sana hangi ihtiyacını söylüyor? Ne mesaj veriyor?

Bunları yapabilmek için, odağımızı dış dünyadan iç dünyaya çevirmemiz gerekir. Acımızla temas etmemek için bazılarımız karşısındakini suçlar, bazılarımız tüm erkekleri, bazılarımız kendini... Bazılarımız da suçlamanın iyi bir şey olmadığını öğrenmiştir, daha eğitimlidir. Ancak karşındakini anladığını, ona empatiyle yaklaştığını zannederken, aslında karşısındaki ile ilgili psikolojik analizlerini konuşur.

Biz çoğu zaman da duygularımızı konuştuğumuzu zannederken değerlendirmelerimiz, yorumlarımız ve yargılarımızı ifade ederiz. Hayatımızda bunlar yer kapladıkça da ihtiyaçlarımızı karşılayamaz oluruz. Aşağıdaki liste "Şiddetsiz İletişim" adlı kitaptan. Şimdi gel, duygu zannettiğimiz yorumlarımıza bir göz atalım.

Duygu Sanılan Yorumlarımız (Yargılarımız)[1]

Altadılmış	İstenmemiş	Sıkıştırılmış
Aşağılanmış	İtilmiş	Sindirilmiş
Baskı altına alınmış	Kandırılmış	Sömürülmüş
Bastırılmış	Kapana kasılmış	Sözü kesilmiş
Duyulmamış	Kıykırtılmış	Suistimale uğramış
Engellenmiş	Kıymeti bilinmemiş	Takdir edilmemiş
Fazla yüklenilmiş	Kösteklenmiş	Tehdit edilmiş
Gömezden gelinmiş	Köşeye sıkıştırılmış	Terk edilmiş
Güven duyulmamış	Kullanılmış	Yanlış anlaşılmış
Hafife alınmış	Kuşatılmış	Yerilmiş
Hakkı yenilmiş	Küçümsenmiş	Yıldırılmış
Hapsedilmiş	Manipule edilmiş	Yıptarılmış
Hoş görülmüş	Patronluk taslanmış	Zorbalığa uğramış
İhanete uğramış	Reddedilmiş	Zorlanmış
İhmal edilmiş	Saldırıya uğramış	

Bu listede neler dikkatini çekti? Neleri fark ettin? Gündelik dilimizin ne kadar yargı içerdiğini fark ediyor musun?

"Kendimi kandırılmış hissediyorum." dediğimde, zihnimin "Beni kandırdın." şeklindeki değerlendirmesini ifade ediyorumdur. Bu kelimelerin, bedenimize odaklandığımızda gelmeyeceklerini, aslında zihnimizden gelen kelimeler olduğuna da dikkatini çekmek isterim.

1 *Şiddetsiz İletişim kitabından yararlanılmıştır.*

Şimdi gel, duygu listelerine bir bakalım. Farkındaysan, olumlu ve olumsuz duygular gibi bir başlık yok.

Konforlu (İhtiyaçlarımız Karşılandığında Hissettiğimiz) Duygular[2]

Açık	Eğlenceli	Harika/harikulade
Ateşli	Emin	Hassas
Aydınlık	Enerji dolu	Hayat dolu
Barışçıl	Engin	Hayran
Beğenmiş	Esinlenmiş	Hayret içinde
Bütünlenmiş	Esnek	Haz almış
Büyülenmiş	Etkilenmiş	Hevesli
Candan	Farkında/dikkatli	Heyecanlı
Canlanmış	Ferahlamış	Hoş
Canlı	Fevkalade	Hoşnut
Cesaretlenmiş	Gayretli	Huzurlu
Cin gibi	Genişlemiş	İçi içine sığmayan
Çılgınca sevinmiş	Gevşemiş	İçi kaynayan
Coşkulu	Güçlü	İçi rahat(lamış)
Cüretli	Güleç	İlgili
Dalmış/Derinleşmiş	Gururlu	İlham dolu
Dertsiz	Güven duyan	İşin içinde
Dingin	Güven gelmiş	Işıltılı
Dostça	Güvende	İstekli
Doyumlu	Hafiflemiş	İyimser
Duyarlı	Halinden memnun	Katılımcı
Duygulanmış	Hararetli	Kaygısız

2 *Şiddetsiz İletişim kitabından yararlanılmıştır.*

Kendinden emin	Neşeli	Şevkli
Kendinden geçmiş	Odaklanmış	Sıcak
Kendinden hoşnut	Ölçülü	Sıcakkanlı
Kendine gelmiş	Olgun	Soğukkanlı
Kendine güvenli	Olmuş/oturmuş	Soluk soluğa
Kendinin farkında	Olumlu/iyimser	Şükran dolu
Keyifli	Özgür	Takdir dolu
Kıpır kıpır	Parlak	Tasasız
Kıvançlı	Pırıl pırıl	Tatmin olmuş
Kıvrak	Rahat	Tazelenmiş
Konuyla ilgili	Rahatlamış	Uçarı
Latif	Sabırsız	Ümitli
Lezzetli	Şakacı	Umutlu
Maceraya hazır	Sakin	Uyanık
Memnun	Samimi	Uyanmış
Merakı uyanmış	Şaşırmış	Uyarılmış
Meraklı	Şaşkın	Yardıma hazır
Meşgul	Şefkatli	Yerinde duramaz
Mest olmuş	Şen	Yoğun
Muhteşem	Şerefli	Yönelmiş
Muradına ermiş	Serinkanlı	Yumuşak/yüreği yumuşamış
Müşfik	Sessiz	Yüreklenmiş
Müteşekkir	Sevecen	Zevk almış
Mutlu	Sevgi dolu	Zinde
Nefesi kesilmiş	Sevinçli	

Konforsuz (İhtiyaçlarımız Karşılanmadığında Hissettiğimiz) Duygular[3]

Acı içinde	Daralmış	Hoşnutsuz
Acımasız	Dargın	Hüsran içinde
Ağır	Dehşete düşmüş	Huylanmış
Aklı karışmış	Delirmiş	Hüzünlü
Aksi	Depresif	Huzursuz
Alçak	Dertli	Huzuru kaçmış
Alıngan	Donup kalmış	İçerlemiş
Allak bullak	Durgunlaşmış	İçi acımış
Asabi	Dürtülmüş/uyarılmış	İçi daralmış
Asi	Düş kırıklığına uğra-	İçi titremiş
Atıl	mış	İçine kapanık
Ayrı	Düşkün	İlgisini yitirmiş
Bedbaht	Düşmanlık içinde	Ilımlı
Bedbin	Efkarlı	İncinmiş
Berbat	Elemli	İrkilmiş
Bezgin	Endişeli	İsteksiz
Bitkin	Gamlı	Istırap içinde
Bıkkın	Gergin	Kafası karışık
Bozulmuş	Gocunmuş	Kalbi kırılmış
Bunalmış	Gönülsüz	Karamsar
Buruk	Gücenmiş	Kararsız
Canı sıkkın	Güveni sarsılmış	Karmakarışık
Canı yanmış	Halsiz	Kasvetli
Çaresiz	Hassas	Kaygılı
Çekimser	Hayal kırıklığına uğ-	Kayıtsız
Cesareti kırılmış	ramış	Kederli
Çileden çıkmış	Hayret içinde	Kin dolu
Çıldırmak üzere	Hevesi kaçmış	Kırgın
Çılgına dönmüş	Hevesi kırılmış	Kıskanç

3 Şiddetsiz İletişim kitabından yararlanılmıştır.

Kızgın	Pasif	Tereddütlü
Kopuk	Perişan	Ters
Korku içinde	Pişman	Tetikte
Korkunç bulmuş	Rahatı kaçmış	Tiksinmiş
Kötü	Rahatsız	Tükenmiş
Kötümser	Ruhsuz	Ümitsiz
Küplere binmiş	Sabırsız	Umursamaz
Kuşkucu	Sabrı taşmış	Umutsuz
Küskün	Sarsılmış	Usanmış
Mahcup	Şaşkın	Utanır halde
Mahzun	Şevki kırılmış	Utanmış
Mat olmuş	Sinirli	Uyanık/kurnaz
Memnuniyetsiz	Sıkılmış	Uykulu
Mesafeli	Sıkıntılı	Uyuşuk
Miskin	Sıkkın	Uzak
Mızmız	Soğuk	Üzgün
Morali bozuk	Şoke olmuş	Yalnız
Mutsuz	Suçlu	Yaslı
Nutku tutulmuş	Şüpheci	Yılgın
Öfkeli	Tatsız	Yılmış
Özlem dolu	Tedirgin	
Paniğe kapılmış	Telaşlı	

"Bu duyguların isimlerini öğreneceğim de ne olacak?" diyebilirsin. Duygumuzu bulduğumuzda rahatlarız. Duygumuza gözlemci konumundan bakabilmemizi kolaylaştırırız. Öte yandan, bazen duyguyu adlandırmaya gerek kalmadan, sadece bedendeki duyumlarımız; bize zaten bilmemiz gerekeni söyler.

Duyguları tatlı, küçük elçiler olarak düşünmek sana nasıl geliyor? Onlar aslında sana sende ne olduğunu söylüyor. O an neye ihtiyacın olduğunu ya da hangi ihtiyacının o anda karşılanmış olduğunu söylüyor.

Konforlu duygular, doğru ve iyi duygu demek değildir. Tıpkı konforsuz duyguların da kötü olmadığı gibi. Önemli olan duygunun içinde kalabilmek ve mesajını alabilmektir. Konforsuz duygular listesine göz attın mı? Bu listedeki duygular bize karşılanmayan ihtiyaçlarımızı fısıldarlar. Örneğin, kendimi yalnız hissettiğimde bu duygu bana sevgi, sıcaklık ya da bağlantı ihtiyacımın olduğunu, bu ihtiyacımın karşılanmadığını söylüyor olabilir. Konforlu duygular ise bize karşılanan ihtiyaçlarımızı söyler. Kendimi şükran dolu hissetmem, bana canlılık, anlam veya cinsellik ihtiyacımın karşılandığını söylüyor olabilir.

Konforlu duygular ile konforsuz duyguları hissedebilmek el ele gider. Acımıza, hüznümüze, utancımıza, öfkemize izin verebildikçe canlı, coşkulu, dingin ve iyimser olmaya da izin verebiliriz.

Hissetmeye ve yaşamaya açılan kapı tektir.

Şimdi gel minik bir alıştırma yapalım. Bu alıştırma, yaşamaya pek de izin vermediğin duygularını keşfetmeye yönelik.

1) Konforsuz duygular listesinden en çok dikkatini çeken duyguyu seç. Bu belki de seni en rahatsız eden, kendini en uzak hissettiğin duygu olacak.

2) Bu duygu için 6 dakika çalışması yap.
3) Bir ara ver.
4) Şimdi de konforlu duygular listesinden en çok dikkatini çeken duyguyu seç.
5) Bu duygu için 6 dakika çalışması yap.
6) Yine bir ara ver.

Şimdi iki yazını da oku. Neleri fark ediyorsun? Ortak noktalar var mı? Aşağıya not al.

Kendime Not

Sezgilerimiz

"Hava daha aydınlanmamış. Müdürümüzün odasının önünden geçiyorum. Sırtı bana dönük. Sessizce bilgisayarına bakıyor. İçerideki açık ofise geçtiğimde, Alper bana, "Bugün Kadir Bey'in yanına gitmemek lazım," diyor. "Evet, modu düşük bugün." diyorum.

Bilgisayarımı açıp, bir kahve yapmak için hızlıca mutfağa gidiyorum."

Uzunca seneler sezgilerimle tutarsız bir ilişkim oldu benim. Satış kariyeri yaptığım o uzun yıllarda, sezgilerimi daha da geliştirdiğimi ancak sonradan, geriye baktığımda fark ettim. Bu da doğal çünkü satıştaki başarı için -hayattaki tüm alanlar gibi- sezgilerin önemi pek konuşulmaz. Her çeyrek "O rakamları getireceksin." denen, oldukça eril satış dünyasında "Bak, bu insan ne sezgili bir insan. Bravo ona!" ya da "Çok önemli satışçıda sezgi!" diye konuştuğumuzu hiç hatırlamıyorum.

Ama bir yandan da sezgilerimizi öyle geliştirmiştik ki müdürümüzün odasının önünden geçerken, sadece sırtını gördüğümüz hâlde modunu anlayabiliyorduk ve bunu ekip olarak da normal bir şey olarak konuşabiliyorduk. Müdürlerimizden indirim ya da özel satış koşulları istemek için hangi anın uygun olduğunu bilmezsek, satışta başarılı olmamız mümkün değildi. Müşterilerimizle olan ilişkilerimizde sezgilerimizi dinlememiz çok elzemdi. "Siparişiniz yukarıda imzada," dendiğinde gerçekten imzada olup olmadığını anlamamız -ki birçok kez söylenen ile gerçek farklı olurdu,- gerekirdi. Çılgın bir rekabetin olduğu, bilişim sektörü alanında, sezgilerimiz olmasa hayatımızı kazanmamız olası değildi.

Peki ama nasıl oluyor da seziyoruz? İngilizcede gut feeling (Gut=Bağırsak, Feeling=Duygu) denen sezgilerimiz nasıl oluyor da çalışıyor? Olay, beynin benzerlikleri bir şekilde yakalaması ile mi gerçekleşiyor? Yoksa her şey bağırsaktan mı geliyor? Ya kalbimiz? Kalbin yaydığı manyetik alan? Sezgilerle ilgili birçok araştırma yapılsa da aslında bilim sezgilerin nasıl çalıştığı üzerine çok az şey biliyor.

Sezgilerin nasıl çalıştığını tam olarak bilmesek de çoğumuz anne babamızın hâletiruhiyesini çok uzaktan bize doğru yürürlerken ya da telefon konuşmasında "alo" demelerinden anlarız. Sezgilerimizi geliştirmeye çocukken başlar, ruhsal ve bazen de fiziksel olarak hayatta kalabilmek için bunu öğreniriz. Çünkü ne zaman ayak altında dolaşmamızın tehlikeli olduğunu bilmemiz gerekir. Ama çocuklukta bir yandan sezgilerimizi geliştirirken bir yandan da eril sistem bize her şeyi mantığa, verilere, açıklamalara oturtmamız gerektiğini söyler. O yüzden de sezgilerimizle çoğumuzun gelgitli bir ilişkisi vardır. Bir yandan sezgilerimizi geliştirir diğer yandan da her zaman sezgilerimizi dinlemeyiz.

Clarissa P. Estes, "Kurtlarla Koşan Kadınlar" adlı

kitabında, "Sezgiyi akılcı temeli olmayan, yanlış sonuçlara götüren bir yetenek olarak tanımlamak yerine, gerçekte ruh sesinin konuşması olarak tanımlamak daha doğrudur." der. Ruh sesimize kulak verebildiğimizde, bizim için neyin doğru ya da yanlış, neyin tehlikeli ya da güvenilir, neyin arzuladığımız ya da arzulamadığımız olduğunu biliriz. "Bu erkek/iş/proje/eğitim/toplantı benim için iyi mi? Doğru mu?" gibi soruların cevaplarını biliriz.

O yüzden gel, sezgilerin nasıl çalıştığını bilim insanlarına bırakıp derin sezgisel benliğimizi beslemeye odaklanalım. Nasıl mı? Clarissa P. Estes, "Derin sezgisel benliği, ona kulak vererek ve öğütlerine uygun davranarak besleriz." diyor. Gel, o derin sezgisel benliğin ile temasa geçmek için minik bir alıştırma yapalım:

1) Sezgilerini dinlemediğin bir olayı hatırlıyor musun? Defterine bu olayı yaz.
   - Sezgilerin sana ne söylemişti?
   - Bedeninde nerede sezgini hissetmiştin? Sezgilerimiz bazılarımızda bir imaj, bir ses olarak da konuşabilir. Bir görüntü, bir ses duymuş muydun?
   - Ne olmuştu da sezgilerini dinlememiştin?
   - Şu an bu olayı düşünürken ne hissediyorsun?

Kendime Not

2) Şimdi kararsız olduğun bir konu seç. Bu "Ahmet benim için iyi mi?" sorusu da olabilir. "Akşam yemeğinde şu yemeği yiyeyim mi?" de olabilir. Aklına hangi soru geldiyse...

- Şimdi sakince otur ya da ayakta dur. Bedenin ne yapmak istiyorsa izin ver.
- Gözlerini kapa.
- Şimdi bedenini bir tara.
- Ayaklarından başlayarak en yukarıya kadar yavaş yavaş git.

- Şimdi bedenine o soruyu sor. Belki elini kalbine ya da karnına koymak isteyebilirsin
- Gelen cevaba güven.

Kendime Not

Yavaşlamak

"Ayla, bir girişimci olarak kafasındaki o büyük projeleri, ancak koşturmacayı ve paniği arkasında bırakınca gerçekleştirebileceğini biliyor. İçindeki bu telaş duygusunu ve nasıl yavaşlayabileceğini konuşmak istiyor. "Kendine ritüeller yaratmaya ne dersin?" diyorum. "Sabah çocuğun olmadan; kişisel bakımın için, kendine rahatlaman için bir bitki çayı yapmak için ve özetle güne dingin ve hazır başlamak için bir 30 dakika ayırmak mesela... Sana nasıl geliyor?"

"İçimden öyle güçlü bir itiraz geliyor ki!" diyor. "Ben bazen çocuğumla ilgilenmek için yüzümü bile yıkamadan güne başlıyorum. Bir yandan da bu koşturmaca beni o kadar yoruyor ki istediklerimi üretmeye de enerjim kalmıyor. Biliyor musun, şimdi aklıma ne geldi? Çocukken sürekli hadilerdi babam bizi."

"Hadilemek." Çocuklukta uyum sağlamak için geliştirdiği bu "hızlı ol" stratejisinin, artık yetişkin bir kadın olarak kendisine hizmet etmediğinin farkında olsa da yavaşlamanın ona zor geldiğini anlatıyor. "Belki de," diye devam ediyor. "Esas neden kendimle kalmaktan kaçmak istemem. O zaman oturup eşimle konuşmak

zorunda kalırım. Yılda 3 kez seks yaptığımızı konuşmak zorunda kalırım mesela. Ama sanma ki ondan ayrılmak istiyorum. Aslında çok iyi adam, biliyorsun."

Süpermen'in Kryptonite'i varsa Afrodit'in de var.

Ne biliyor musun? Hız.

Biz çoğunlukla kendimize yavaşlama iznini vermiyoruz.

Belki olduğumuz gibi kabul göremediğimiz için, kendimizi işlevselliğimizle kabul ettirmeye çalışıyoruz. Ancak bir şeyler yaptığımızda içimiz rahat ediyor. Belki kendimizle kalmaktan korkuyoruz. Belki de o kadar uzun süredir koşuyoruz ki durmanın nasıl bir şey olduğunu artık bilmiyoruz. Nedenleri her ne olursa olsun, hızlandıkça dişiliğimizden uzaklaşıyoruz. Çünkü hızlandığımızda anda kalamıyor, kendi benliğimizden uzaklaşıyoruz.

Peki, ne yaparak rahatlayabilir, gevşeyebilir ve yavaşlayabiliriz?

Önce ne yapmayalım, ondan bahsedelim mi? Yavaşlamayı da bir performansa çevirmeyelim. Ajandamız oradan oraya koşturduğumuz toplantılarla, çocuk doğum günleriyle ve market alışverişleriyle doluyken; bir yandan da rahatlamak için haftanın üç günü yin yoga yapmaya kasmayalım. Eril kaslarla dişilik geliştirmeye çalışmayalım yani.

O yüzden, sana hayatına almakta zorlanmayacağını düşündüğüm iki önerim var. İlki yavaşlamak için hayatına ritüeller sokman. Ritüel deyince aklına saatler süren performanslar gelmesin sakın. Sayfa 167'de ritüellerle ilgili örnekler bulacaksın ve kendin için ritüeller geliştireceksin. Belki sadece uyumadan önce lavanta yağı damlatırsın yastığına. (1-2 saniye) Belki eve her geldiğinde duşa girer ve enerjinin arındığını hissetmeye izin verirsin. (5-10 dakika) Belki ayda bir hamama gidersin. (45-120 dakika)

Hangi pratikleri zorlanmadan ve aşkla yapabiliyorsan onları al hayatına. Sonra bunlara alıştıkça, bunları sevdikçe yeni pratikleri hayatına sokarsın.

İkinci önerim de sevgili Nadia Salur ile çektiğimiz videoyu seyretmen. Bu videoda sana birkaç dakikanı ayırsan bile iyi gelecek vücudunu gevşetme egzersizleri bulacaksın.

Yavaş yavaş yavaşlamaya hazır mısın?
Haydi seyret...

#içimdekiafrodit

Hesaba Uzanan Eller

"Ben almanın dişil olduğunu öğrendim öğrenmesine de bunu bilmem bir şey değiştirmedi. Hâlâ hesap gelince rahatsız oluyorum. Çünkü hâlâ dişili yüksek adam çekiyorum. 'Lanet olsun!' diye diye hesabı ödemeye uzanıyorum. Bu arada nasıl sabredeceğim? Bana hâlâ prensler geliyor, kral neden gelmiyor?"

CEREN

- İlk randevuda kim ödemeli?
- Sonraki randevularda ne olmalı?
- Kadın olarak hesabı bölüşmeyi hiç mi önermemeliyiz?

Hesap ödeme genelde taktiksel önerilerle dolu bir alan. Ben ise konuya yüzeydeki kimin ne yaptığına bakmadan, alma verme ile ilişkimize dair bir gösterge olarak bakalım diyorum.

Vermek almaktan niye daha değerli ki?

Yani neden veren kişi alan kişiden daha değerli bir eylem gerçekleştirmiş oluyor ki?

Vermek "eril" olduğundan olabilir mi? Eril olan her şey daha değerli, dişil olan her şey değersiz olduğu için olabilir mi?

Erkek verdiğinde almayı coşkulu bir sevinçle gerçekleştiremiyoruz o yüzden işte. Almak kötü, vermek iyi. Mi?

Aşağıdaki video, hesap ödeme üzerinden alma verme akışımızı anlatıyor.

Bu videoyu seyrettikten sonra aşağıdaki önerilerimi bir denemeye ne dersin?

Afroditsel Almak İçin

- Aldığını almayı öğren. "Ay ne lüzumu vardı," ya da "Ne zahmet ettin şimdi," deme yani. Karşındakinin verdiklerine kalpten teşekkür et.
- Dışarıdan yardım iste. Sonra da gülümseyerek, karşındakini çok iyi hissettirerek teşekkür et. Kadın erkek fark etmez. Belki önce kadınlardan, sonra da erkeklerden istersin.
- Hayatındaki tercihen üç erkekten bir şey iste. Mesela, Bahri Dayı'ndan, minicik bir şey iste: "Dayıcığım, bana dondurma ısmarlar mısın?"
- Erkeklerin yardımlarını geri çevirme. Kalpten teşekkür et.

"Bu sabah "Şimdi Afrodit'im çıktı mı ki?" diye muzur muzur sordum kendime dünü düşünerek. Dün sevgili adayım (bence artık sevgilim) sürpriz yaptı. Ben Afrodit'lik çalışması olarak ona bir mesaj atmıştım o da "Yoldayım, geliyorum." dedi. Ben panik tabii... Nasıl karşılayacağım, ne yapacağım, ne giyeceğim? Bıdı bıdı bıdı, eski alışkanlıklar... Bedenime sordum. O yönlendirdi.

Sevgilimden Afrodit'çe evdeki yılbaşı ağacının ışığını düzeltmesini istedim. Üç kez başımı sağa yatırıp gözlerimi kırpıştırarak talep ettim. Ve mumlarımı yaktım. (O gelene kadar gidip vanilyalı mum aldım.) Hindistan cevizi yağıyla ona masaj yaptım vee bombaaa! Hayatımda ilk defa bana masaj yapılmasına izin verdim."

LALE

Hangi Ortam?

Ortamlar enerjimizi değiştirir. Adına ister "enerji" diyelim, ister "psikoloji", isterse "Ben orayı sevmiyorum," olsun duyumuzun adı; ortamlardan etkileniriz.

Genel olarak ofisler eril enerji, evler dişli enerji diyebiliriz. Eğer gününüzün çoğu çokça insànın olduğu ve harıl harıl çalışılan bir ortamda geçiyorsa ve içeride çiçeklere, yeşilliklere, doğal dokulara pek yer verilmemişse o zaman eril enerjiniz iyice yüklenir. Hele gökdelenler fallik[4] yapılar olduğundan, iyice eril enerji pompalamaktadırlar bize. Ev ortamı ise dişildir. Hele ki içerisi çiçekler, kadife koltuklar, melek sembollü biblolar, çeşitli objelerle doluysa ortam daha da dişildir.

Dişil ortamlara örnekler: Doğa, parklar, (Ne kadar vahşi doğa o kadar dişil enerji), deniz, su dolu küvet, canlı renkler (pembe, kırmızı, yeşil, turuncu), Belgrad Ormanı, Kaz Dağları.

Eril ortamlara örnekler: Ofisler, insanların bilgisayarlarına eğildikleri kafeler, kalabalık ortamlar, AVM'ler, maskülen renkler (siyah, gri), Maslak, Levent.

---

4 Y.N. fallik: penise benzeyen

İçinde bulunduğumuz ortamların Afrodit'le direk şöyle bir ilgisi vardır:

- Eğer Eril Beril parçan daha baskınsa o zaman dişil ortamlarda bulunmayı artırman gerekir. Sadece tatilde değil, gündelik rutininin içinde de dişil ortamlarda bulunmalısın.
- Eğer "anne" parçan baskınsa belki eril ortamlarda bulunmak da sana iyi gelebilir. O eril enerji harekete geçirecek seni çünkü.
- Harekete geçtiysen, enerjiksen, ortamlarının Anneliği mi, Afrodit'i mi desteklediğini netleştir. "Ay sen netleştir Gülen ya, örnek ver," diyorsan: Çocuk oyuncakları ile dolu ortamlar anneliği destekler. Şömine karşısında, incecik porselenlerle çay içmek de Afrodit'liği.

Biz aslında her zaman bu dengeyi ararız: Eğer sürekli tatile çıkmak istiyorsak, "Tatilim geldi" diyorsak, doğal rutinimiz denge içermiyor olabilir. Tatile tabii ki çıkalım ama doğal rutinimizin içinde de bir denge yakalamaya özen gösterelim.

Tabii eğer tatil için kalabalık tatil köylerine ya da turisti bol olan Avrupa şehirlerine gidiyorsan ya da tatilin bir tur programı olup koşturmacayla geçiyorsa tatilde de eril enerji alıyor olman muhtemeldir.

Şimdi gel, şu aşağıdaki sorulara cevap ver.

- Günlük rutinin hangi ortamları içeriyor? Bunları tek tek yaz.
  - Pazartesi
  - Salı
  - Çarşamba
  - Perşembe
  - Cuma
  - Cumartesi
  - Pazar

- Bu ortamlar ne kadar eril, ne kadar dişil? Ne kadar anne? Ne kadar Afrodit? Peki, rutin dışı tatil ortamların nasıl?
- Hayatında dengeyi ne tarafa çekmeye ihtiyacın var?

Ufak dokunuşlarla eril-dişil ortam dengesini nasıl sağlayabilirsin?

Kendime Not

Afrodit'lik Zamanı

Afrodit eğitimlerinde pek sevilen bir kısım var: Afrodit'lik Zamanı.

"Afrodit'lik Zamanı" ne demek? Afroditsel faaliyetler demek. 😁

Şimdi aşağıda bu faaliyetlere örnekleri okuyacaksın. Bu bölümü okur okumaz ajandanı aç, kendine bu hafta içinde ister on beş dakika ister 12 saat Afrodit Zamanı ayır.

Bu faaliyetlere örnekler:

1) Ellerinle yemek ye. Yalnız çok çok yavaş yap bunu. Gözlerini kapat arada. Ellerini yala arada. Kokla arada.
2) Daha önce hiç pişirmediğin bir kek/pasta pişir.
3) Otur ve pasta ye ama yavaş yavaş, aheste aheste ye... Kullanmaya kıyamadığın porselenlerini, gümüş takımlarını, renkli fincanlarını çıkar. Acele etmeden kendine bir çay demle ya da güzel bir şampanya aç.
4) Pastayı sevgilinle/kız arkadaşlarınla bir ritüel olarak ye.
5) Hamama git. Koştur koştur değil ama... Keseden önce hamam taşında şöyle bir yat, tavanı seyret, şıpır şıpır su seslerini dinle... Sen öylece yatarken

zamanın durduğunu, zamanın olmadığını hisset... Keseden sonra uzun uzun yat. Şerbetleri, bitki çaylarını, aromalı suları koklaya koklaya, tadını çıkara çıkara iç. Ve mümkünse en tarihî hamamlardan birini tercih et.

6) Gerçek esansiyel yağ al, onunla masaj yaptır.
7) Kendi kendine göbek dansı yap. Ağır ağır, gözlerini kapatarak, kalçalarının, göbeğinin, göğüslerinin farkında olarak, onları okşayarak...
8) Bedeninde ne oluyor ona kulak ver: Her saat başı 1 dakika mesela. Bedenini aşağıdan yukarıya bir tara.
9) Küvette hiçbir şey yapmadan banyo yap. Yapay köpük kullanma ama. Doğal yağ, kaya tuzu falan at banyoya...
10) Arabanı park ederken bir erkekten yardım iste.
11) Alışveriş yaptığın yerde, oradaki dükkân sahibinden, (erkek olması mühim), poşetlerini taşıması için yardım iste.
12) Sevgilini ara, ondan da bir şeyler iste: Küçük ama anlamlı bir şey olsun. Araba ya da bulaşıkları kaldırmasını da isteme yani. ;) Onun yerine şampanya, romantik bir akşam yemeği, çiçek gibi şeyler iste.
13) Bu yardımları Afrodit'ten iste. Sevimli Kız'dan, Müşfik Anne'den, Kurban modundan -ve söylememe gerek var mı bilmiyorum ama Eril Beril'den- isteme sakın. Eril kişilere Afrodit'ten teşekkür et. Sen aldığın için mutlu ol, o da verdiği için mutlu olsun. Şöyle bir gerdanını kır, gözlerini kısıp adamın gözlerinin içine bak, şuh kahkahalar at falan...

14) Kapalıçarşı'ya git. Oradaki ipek şallara, yumuşacık pamuk peştemallara, kaşmir kumaşlara dokun. Oradan Mısır Çarşısı'na git, baharatları kokla.

15) Bu gezdiğin yerdeki erkeklere gülümse, onlardan gelen ilgiyi, iltifatları içine çek. Ismarlanan çayları, suları, kahveleri Afrodit'ten kabul et, Afrodit'ten teşekkür et. ALMAK İÇİN KENDİNE MÜSAADE ET. Unutma, sen dişisin. Bu dünyaya almayı deneyimlemeye geldin...

Bu faaliyetlerin birden fazlasını yapabilirsin. İlham alarak kendin farklı faaliyetler de yaratabilirsin. Peki, bu faaliyetleri seçerken neye dikkat etmelisin? Konfor alanının dışına çıkmalısın!

- Mesela anneliğin, Afrodit'liğinin fersah fersah önündeyse, pasta yapma.
- Evine misafir gelince Köle Isaura'ya bağlıyorsan kız arkadaşlarınla yeme o pastayı, kendin tek başınayken ye.
- Yardım isteme maddelerini okurken ya da Kapalıçarşı'daki eril esnafla flört etmeye "I-ıh" deyip rahatsız oldunsa, "Ben bunu hayatta yapamam." dediysen onları kesinlikle yap.

Afrodit biliyor zaten ne yapman gerektiğini.

Ay, çok heyecanlı! Neler yapacaksın çok merak ediyorum. Ve senden duymaya (ya da fotoğrafları bu etiket ile görsek ne güzel olur tabii) can atıyorum!

#içimdekiafrodit

Yazarın pek mühim notu:
Afrodit Zamanı'nı, tek erkekle geçirmeyiniz efenim. "Afroditsel faaliyetleri, sadece sevgili olunca uygulayabiliriz; Afrodit sadece sevgiliyle olan durumlarda mümkün" gibi bir bağlantı var çoğumuzun kafasında.
Biz bu faaliyetlerle, bu bağlantını kırmak istiyoruz. Tek stratejiyle ihtiyaç karşılanmaz çünkü. Hayatının her alanına yayarsan Afrodit'liği, o zaman sevgiliyle olan durumlarda da çıkıyor, doğalında...

Notlar:

Tombul Afrodit Olur mu?

- Kilolarımı bir verebilsem... Ancak o zaman kendimi seksi hissedeceğim.
- Artık her yerim sarktı. Bu yaştan sonra benden Afrodit olur mu?
- Bu göbekle kendimi güzel hissedemiyorum ki.

Tombul Afrodit de olur, sıska Afrodit de... 70 yaşında da Afrodit olunabilir, 7 yaşında da...

Aslında hepimiz biliriz: Günümüz standartlarında ideal vücuda sahip olan fakat eril enerjisiyle kimseyi yanına yaklaştırmayan kadınlar da vardır; standartlara göre tombul fakat etrafına neşe ve parıltı yayan, bedeniyle barışık, insanların tüm odağını toplayan kadınlar da.

Afrodit olabilmek, kendiyle ve hayatla uyum içinde yaşamaktır. Ve bu enerjiye sadece erkekler değil; kadınlar, çocuklar, herkes çekilir.

Çocuklar, oyuncaklarını sana göstermek, seninle paylaşmak isterler. Gittiğin müşterinin resepsiyonundaki görevliler sana "Ne zamandır görünmüyorsunuz. Özledik." derler. "Parıldıyorsun, enerjin bana çok iyi geliyor, iyi ki seninle konuştum, günüm iyi geçecek..." Sürekli bunları duyarsın. Gittiğin pazarda tezgâhını bırakıp yanına gelirler, "Nasılsınız?" diye sormak için. Afrodit'lik, telefon konuşmasında bile karşıya geçer. E, o zaman, beden şeklimizle ilgisi yoktur.

Ama Afrodit'liğin bedenimizle ilişkimizle ilgisi vardır. Bedenimizle barışık olabilmek, Afrodit'liğin bir parçasıdır. Bedeni dinlemek, ihtiyaçlarına kulak verebilmek... Peki, aşırı kilomuz varsa? Obezite sınırı içindeysek?

Aşırı kilonun bedenimizle ve hayatımızla ilişkimizi yeniden ele almamız için bir çağrı olduğunu düşünüyorum. O yüzden bu konuyu da zihinle değil bedenle ele alalım diyorum. Eril ile değil, dişil ile ele alalım. Eril ile senelerce ele almadık mı? Kilo hedefleri koyduk, ölçümler yaptırdık, kalori hesapladık. Ve olmadı ise o zaman gelin Afrodit'le ele alalım. Amacımız kilo vermek olmasın. Amacımız, bedeni hükmettiğimiz aşağıdaki bir parçamız olarak görmek yerine, bedenimizden gelen bilgeliğe kapılarımızı açmak olsun.

Burada gel içindeki hangi parça sana tombul, şuran çirkin vs. diyor, ona bakalım.

Çünkü bizi Afrodit olmaktan uzaklaştıran şeyler, vücudumuzun şekli değil, kafamızda ürettiğimiz düşüncelerdir.

Kendi hikâyemde de otuzlu yaşlarımdan sonra kilo aldıkça kaloriyi kısıtlayan diyetisyenlere gittim. İradeyle kilo verdikçe daha çok kilo aldım. Kiloyu neden aldığımı sorgulamak aklıma bile gelmedi. Bedenimi dinlemeyi öğrendikçe aşırı yemelerim azaldı. Evet, hâlâ güzel yemek seviyorum. Yemek yerken, bir sonraki yemek hakkında konuşulan bir evde büyüdüm ben, ne yapayım. Ama artık farklı ihtiyaçlarım için yemek yemeyi bir strateji olarak kullanmıyorum. Tartılmıyorum da. Bedenimi olduğu gibi kabul etmeyi öğrendim.

Ki onları önceki bölümlerde kendimizden ayrıştırabilmeyi öğrendik. “Kilolusun, güzel değilsin,” diyen, içimizdeki yüksek standartları olan kılkuyruk erkek de olabilir.

Kiloların arkasında kendini korunmada hisseden bir kız çocuğu da olabilir. İkisi bir arada yıllardır takılıyor da olabilirler. Bu parçalarla ne yapacağını diğer bölümlerde öğrendin. Oradaki egzersizleri ve önerileri uygulayabilir, bu parçaların aktive olduğunda onları girdabına kapılmadan bu parçalara şefkatle yaklaşmayı başarabilirsin.

Tombul Afrodit de olur,
sıska Afrodit de...
70 yaşında da
Afrodit olunabilir,
7 yaşında da...

Aslında hepimiz biliriz:
Günümüz standartlarında
ideal vücuda sahip olan fakat
eril enerjisiyle kimseyi
yanına yaklaştırmayan
kadınlar da vardır;
standartlara göre tombul
fakat etrafına neşe ve
parıltı yayan,
bedeniyle barışık,
insanların tüm odağını
toplayan kadınlar da.

Sadeleşmek

Arabanın arka koltuğu da bagajı da tamamen kitapla dolu. Dernek gönüllüsü ile konuşurken bir yandan da yan gözle hâlâ kitaplara bakıyorum. Belki de yanlış yapıyorum. Belki verdiğime pişman olacağım kitaplar var içlerinde.

Uzun boylu kibar adam teşekkür ediyor, "Kitap okumak isteyip alamayan o kadar çok insan var ki!" diyor. Ağlamaya başlıyorum. Allahtan güneş gözlüklerim var. Kitap alamayan insanlara mı yoksa istediği kadar kitap alamayan küçüklüğüme mi ağlıyorum; bilemiyorum."

2016 yılında evimizi -ve aslında ruhumuzu-, Marie Kondo'nun "Derle, Topla, Düzenle" kitabını uygulayarak sadeleştirdik. Kondo'nun önerdiği yaklaşım şu: Evdeki eşyaları kategorize ediyor, sonra da her eşyayı eline alıp "Bana şu an neşe veriyor mu?" diye kendine soruyorsun.

Bu soru çok etkili. Neden mi? Anın içinde bize neşe vermeyen eşyaları neden tutarız? Ya gelecek kaygısı (Ya bir gün lazım olursa?) ya da geçmişten kopamama nedenleriyle. (Yakası yırtılmış olabilir ama bu gömleği seviyorum ben, anısı var.)

Ben en çok kitaplarda zorlandım. Çocukken kitap okumayı deli gibi severdim ve hiçbir zaman yeterince kitabım olduğunu hissetmedim. Benim okuma hızıma yetecek kadar kitap alınmazdı. O yüzden kitaplara karşı hep bir açlığım vardı. Bir yetişkin olup istediğim kitabı istediğim zaman alabileceğim zaman bile çocukluktaki bu açlığım dinmedi. Kitapları vermek benim için şu demekti: "Artık bolluk bereket içindesin. İstediğin zaman istediğin kitabı alabilirsin."

O yüzden sadeleşmek, bir evi toparlamak süreci değil. Bu süreci yapabilmek, geçmişten ve gelecekten özgürleşmekte bize yardımcı olacağı için önemli. Bu sayede de anın içindeki keyif ve haza kendimizi açabiliyoruz. Evimi sadeleştirme sürecimin, Afrodit olma yolculuğumla paralel olmasını planlamadım. Ancak sonradan bunun ne kadar anlamlı olduğunu anlıyorum. Bana keyif vermeyen eşyalar yok artık evimde. Dizi çıkmış pijamalarla kocamın karşısına çıkmıyorum. Eskiden mutfağın en ulaşılmaz köşelerinde duran gümüşlerimi artık günlük olarak kullanıyorum. En güzel kupalarımla içtiğim çayıma, bazen de yine en güzel tabaklarımda yediğim börekler eşlik ediyor.

Anın keyif ve hazzına kendini açmak istiyorsan, Marie Kondo'nun kitabını alıp uygulamaya koymanı şiddetle öneriyorum. Netflix'deki programını da seyredeblirsin. Programda bu süreçten geçenlerin psikolojilerindeki değişimleri gözlemleyebilirsin. Emin ol, ritüellerini çok daha kolayca yaptığını, evinin bu "Dişil Özüne Yolculuk"ta seni çok daha desteklediğini, daha az yorgun olduğunu göreceksin. Belki de bu sayede daha çok sevişeceksin. ☺

Ritüeller

"Ben kamuda üst düzey bir pozisyonda çalışıyorum. Ortamımız hem eril hem de otoriter. Her sabah duştan sonra uzun uzun, yavaş yavaş kremleniyorum. Sonra da dans ediyorum. Bana o kadar iyi geliyor ki anlatamam. Artık işe ölgün değil süper enerjik bir şekilde gidiyorum."

DENİZ

Afrodit'ini geliştirmenin en güzel uygulama yöntemlerinden biri ritüellerdir. Ritüeller; yeni öğrendiklerimizi tatbikata geçirmemizi, yas ve kutlama ihtiyacımızı karşılamamızı ve roller arasında geçişi -ve başka geçişleri-, sağlarlar. Eril Beril rolünden, Anne rolünden (ki Anne rolü için fiziksel çocuklarınızın olmasına gerek olmadığını artık biliyorsun,) "koç/terapist/kendi üzerinde daha çok çalışmış, daha çok bilip o yüzden de sevgilisini aydınlatması gereken kadın" rollerinden Afrodit rolüne geçişi hem bilinçli hem de yumuşak yapmamıza destek olurlar. Ve dünyanın belirsizliği ile dans edebilmek için bizi kendi merkezimize getiren, topraklayan da ritüellerdir.

Bu bölümün alıştırması, kendin için ritüeller yaratmak. Şimdi bir adet ritüel yaratmanı istiyorum. İstersen daha fazla da yazabilirsin tabii. Sonra farklı anlar için de ritüeller yaratırsın, ya da mevcut ritüeli iyileştirirsin.

Örnek Ritüel Başlıkları

1) İşten eve geldiğimizde.
2) İşten (ya da evden) romantik bir buluşmaya giderken.
3) Eve gelen sevgiliyi karşılarken.
4) Çocuklar uyuduktan sonra.
5) Sevişmeden önce.
6) Uykuya hazırlanmak için. (Ne alaka diyeceksiniz ama dinlenme-gevşeme olmadan dişili geliştirmek mümkün değil Afrodit'lerim.)
7) Haftada 1 ya da ayda 1 yapacağın "Afrodit'in dibiyim!" ritüelleri. (Masajlar, hamamlar, kız arkadaşlarla buluşmak, sevgiliyle baş başa yemekler vs.)
8) İçimdeki çocukla konuşma/kaynaşma/ihtiyaçlarını karşılama.
9) Sabah uyanınca.

Örnek Ritüel-1

Sevgili eşim eve geldiğinde "Hoşgeldiiiiiiiin," ya da "Melabaaaaaaaa," diye melodik bir sesle onu kapıda karşılarım. Öpüşür sarılırız. Sonra o üstünü değiştirirken de yanında dururum çoğu zaman. "Amacım giyinmene engel olmak,", "Amacım ayak altında dolaşıp verimliliğini düşürmek," gibi şebelek şeyler söylerim bazen. "Ritüel mi şimdi bu?" diyebilirsiniz ancak ritüeller bazen bu kadarcıktır sadece. ☺

Örnek Ritüel-2

İşten -aslında sadece işten de değil, dışarıdan geldiğimde- kendimi banyoya atarım. Tabii ki öncesinde makyajımı çıkarırım. Banyoda bana ait olmayan tüm o enerjinin gittiğini düşünürüm. Suyun beni arındırdığını hissederim. Bazen bilinçli olarak istemediğim tüm enerjinin akıp gitmesine niyet ederim. Hele ki AVM gibi bir yerden gelmişsem ya da bütün gün eğitim vermişsem. Üzerime rahat ama içinde kendimi hoş hissedeceğim kıyafetler giyerim. Dizi çıkmış pijama, eski tişörtler falan değil, aman diyeyim. Sonra kendime bir çay demlerim, bedenime neye ihtiyacı olduğunu sorarım; çayı bedenim seçer. Artık telefonda iş konuşmam. Hatta mümkünse arkadaşlarımla uzun geyikler de yapmam. Telefonu şarja takarım. (Eskiden saatlerce telefonda takılırdım. Yoğun iş hayatı falan gibi çok güzel açıklamalarım vardı. Şimdi bunun hız bağımlılığı olduğunu anlıyorum. Artık gevşemek için kendime izin veriyorum.)

Örnek Ritüel-3

Uykuya hazırlanmak için de bir ritüelim var. Gevşemek, rahatlamak ve derin bir uykuya geçebilmek için. Örneğin saat 21.00 gibi ıhlamur, rooibos, papatya gibi gevşetici bir çay demlerim kendime. Bilgisayar, telefon gibi cihazlarda ekrana bakma olayını saat 21.00-22.00 sularında bırakırım. Ancak itiraf ediyorum, arada okuduğum kitapta güzel bir şeye denk geldiysem Instagram'a yüklemek için telefonu açıyorum ve sonra da Instagram'a takılı kalmayayım diye kendimle bayağı mücadele veriyorum. Yatak odama geçince kremlerimi sürerim. Yastığa lavanta yağı damlatırım. Bazen kitap okurum. Gece yatakta okuduğum kitap bazılarının uykusunu kaçırsa da benim uykumu getirir. Kız kardeşim ve ben, kendimizi böyle şartladığımız için, "kitaplıktan kitap seçerken uykuya dalacağız neredeyse" diye kendimizle dalga geçerdik. İşte ritüellerin gücü de böyle bir şey. Kitap okurken okuma ışığıyla okurum. Odanın kalanında ışık yoktur. Bazen odaya girerken tek gözüm kapanmış girerim zaten, o zaman kitap okumam tabii.

"Kendimle yaptığım bu yolculukta kutlamalarımı ve yaslarımı şimdi yaptım. Kendim için son zamanlarda yaptığım bir ritüeli de paylaşmak isterim. Bunu bir ritüel gibi düşünmemiştim ama evet bir ritüel: İçinde bulunduğum iyi anların tadına varmak. Örneğin, annem uzun zamandır yurt dışındaydı. 20 gündür İstanbul'da ve birlikte olduğum anlarda ona daha fazla bakıyorum. Saçlarına, gözlerinin içine, gülüşüne, kahkahasına, trafiğe sövmesine, arkadaşları ile konuşurken sesinin iniş çıkışına, kokusuna. Daha uzun sarılıyorum mesela. Hissettiğim duygu her neyse, onu daha fazla yaşamak için zamanı genişletiyorum. Depolamak gibi.

Bu sabah bunu yaşamın diğer alanlarına da yaymanın ne hoş olacağını düşündüm. Benim ritüelim de bu olsun: Fark ettiğim zamanlar... Fark etmediklerimi de günümü düşünerek şükrettiğim zamanlara ekleyeyim."

ELİF

Evet, hazırsan önce aşağıdaki videoyu seyret, sonra da kendine bir ritüel yarat:

Kendime Not

Şükran ve Takdir Ritüelleri

Bir Afrodit olacaksak, AŞK olacaksak, önce kendimizi sonra da tüm dünyayı takdir edebilmemiz gerekir. Var olana aşkla şükran duyabilmemiz gerekir.

Kendimizi ve dünyamızı sevdikçe takdir ve şükran duyarız. Takdir ve şükran duydukça da kendimizi ve dünyamızı daha çok severiz. Eril tarafımız eksiklere odaklıdır ki bu tabii ki kötü değildir. Özellikle de hedeflerimize ulaşmak için eksikleri görmemiz ve sonra da tamamlamamız gerekir.

Öte yandan, sadece bu eril kaslar gelişkin olduğunda, anın keyfini çıkarmamız mümkün olmaz. Dünyaya ışıltımızı yaymamız mümkün olmaz.

O yüzden bu bölümde takdir ve şükran kaslarımızı geliştireceğiz.

Takdir vermekte de almakta da zorlanıyor olabilirsin. Ailede birisi bizi överken, "Bırak, şımarmasın çocuk," ya da "Nazar değer, çok söyleme," laflarını duymuşsak; şımarırsak az çalışacağımıza, başarımızın gideceğine inanıyorsak; yani takdirin iyi bir şey olmadığına koşullandıysak zorlanmamız doğaldır.

Takdir kasını geliştirmen için sana çok şahane bir önerim var: Otur ve kendini takdir ettiğin 100 cümle yaz.

- Neee, 100 tane mi?

- Yok artık!

- Ohaaa!

İçinden gelen itirazlara kulak asma. 15-20 tane yazınca o itiraz eden sesi duyman geçer. Ve evet, 100 tane. Çünkü bu alıştırmayla takdir kasın öyle bir açılır ki sonrası rahat gelir.

Gelelim alıştırmaya: Genel özelliklerini de yaptığın minik şeyleri de yazabilirsin. Küçük, büyük fark etmez. Bir formata takılmayalım.

Örnekler:

- Büyük resmi görme kabiliyetimi takdir ediyorum.
- Geçen gün evde malzeme yokken, ortaya çıkardığım yaratıcılığımı kutluyorum. Fasulye turşusu, soğan, yumurtadan şahane bir yemek pişirdim.
- Zor ve sıkıntılı anlarda karşımdakiyle konuşurkenki sakinliğimi takdir ediyorum.
- Dün inanılmaz stresli bir gün geçirmeme rağmen duygularımı dinleyip dönüştürebilmemi ve sonra da eşime keyifli bir gece geçirmek için pizza yiyip film izleme önerisi getirmemi kutluyorum.
- Konuşurken insanların gözünün içine bakmamı takdir ediyorum.
- Kafama koyduğumu yaptığım için kendimi takdir ediyorum.
- Sözümü tutmaya özen gösterdiğim için kendimi takdir ediyorum.
- İnsanları dinlemeyi sevdiğim için, kendimi takdir ediyorum.

Bu 100 cümleyi ayrı küçük kâğıtlara yazabilir, sonra da kendine bir kese yaratıp içine koyabilirsin. Cam bir kâse içine koyup, ara ara oradan takdir cümleleri çekebilirsin.

Büyük bir resim kâğıdına bunları boyayla yazıp, resmedip asabilirsin. Yani bu alıştırmayı kendine bir hediye vermekte kullanabilirsin.

Gelelim şükran kaslarımızı geliştirmeye. Takdir için yaptığın alıştırmanın aynısını şükran için de yapabilirsin. Ya da şükranlarını bir ağaç olarak resmedebilir, bu ağacı çerçeveletip ara sıra bakabilirsin.

Sana önerebileceğim bir diğer şükran alıştırması (ya da belki ritüeli demeliyim) ise şu:

1) Kendine minik bir şükran defteri al. Bu defter sana neşe veren bir defter olsun.
2) Her akşam yatmadan önce defterine en az 3, tercihen 10 şükran cümlesi yaz. Akşam ritüelinin bir parçası da bu olsun.
3) Şükran defterini en az 21 gün, ya da defter bitene dek, ya da 1 sene boyunca her gece kullan.

Zor Zamanlarda Acil Durum Çantası

"Betül, sevgilisi ile birbirlerine girdiklerini; işte de çok stresli günler geçirdiğini anlatıyor. "Kaç gündür o kadar kötüydüm ki. Beni aramasan küsecektim sana," diyor. Sonra devam ediyor: "Biliyorum, senin de eşin hastaydı. Gülen'in kocası hasta, Ebru'nun işleri başından aşkın. Fakat ben de ne kadar yalnızım diye düşünüp bunalıma girdim."

Betül gibi sen de hayatında zorlandığın bir dönemden geçiyor olabilirsin. Hemen hepimiz, zorlandığımız zamanlardan geçeriz. Sıklığı değişir sadece. Hayat, bir aşağı bir yukarı çıktığımız bir roller coaster'a benzer. Ama ne benim İçimdeki Çocuk ne de senin İçindeki Çocuk bunun böyle olmasını kabul eder.

Amerika'dan tüm dünyaya yayılan, "Pozitif düşünelim pozitif olsun," yaklaşımları da aslında bize iyi gelmez. Hayat böyle değildir. "Artık dersimi aldım, artık hep yükselişteyim," diye bir şey yoktur.

Böyle olduğunu bilsek de yine de olduğunda hayal

kırıklığına uğrarız. Aslında, "İçimizdeki Çocuk" hayal kırıklığına uğrar. Peki, İçimizdeki Çocuk'u dinleyecek, ona şefkat gösterecek kadar kendimizi güçlü hissetmiyorsak, ne yapabiliriz?

Kendimize bir Acil Durum Çantası oluşturabiliriz. Bu çantayı kendimizi iyi hissettiğimiz bir anda oluşturabilirsek çok daha iyi olur. Aşağıda sana çantaya koyabileceklerinin örnek bir listesini verdim. Bu listeden ilham alıp sen de kendi çantanı oluşturabilirsin.

- Spotify'da, sana iyi gelecek bir müzik listesi oluştur. Aman diyeyim atarlı, ya da "Bu dünya ölsün, bitsin." tarzı müziklerin listeye kaynamasına izin verme. Ben sana ilham versin diye senin için iki farklı liste oluşturdum. Biri daha sakin, biri daha coşkulu iki liste

- Sana bu dünyadaki, bu evrendeki yerini hatırlatan bir kitap oku. Benim favori kitabım, Yerdeniz Büyücüsü'dür. Kaç defa okuduğumu hatırlamıyorum. Her okuduğumda farklı yerler dikkatimi çeker. Genelde okurken ağlarım. Bu ağlama üzüntüden ziyade, hayatın ne kadar büyük olduğuna dair olur.

- Sana iyi geleceğinden emin olduğun, zor zamanlarında arayabileceğin arkadaşlarının listesini oluştur. Bunu iyi bir zamanında, otur yaz. Vallahi bak yaz. Zor zamanlarda insana bir perde iner. Ne kadar kaynakla çevrili olduğumuzu unutabiliriz.
- Doğal yağlarını hazırda tut. Belki, ayaklarını yere sağlam basmaya ihtiyacın var, o zaman kök çakra yağları kullanabilirsin. Belki birine çok ama çok kızgınsın, o zaman gül yağı kokla. Belki kafan kazan gibi, o zaman da lavanta yağı seni gevşetecek.
- Afrodit Zamanı listesinden kopya çek.
- Takdir sepetinden takdirler çek.
- Şükran ağacına bak. Ya da otur kendine yeni bir şükran ağacı yap.

Artık biraz rahat nefes alabiliyorsan, o zaman İçindeki Çocuk'la bağlantıya geçme zamanı. Onu duymak ve onun ihtiyaçlarını karşılama zamanı.

Yola Devam Etmek İçin

Aşağıda kendi yolculuğuna devam etmen için sana çeşit çeşit önerilerim var.

Yalnız, bu önerilerin hepsini hemen yapmak için Eril Beril'in gıcıklandıysa, kendisini sevgiyle selamla. Ona "Bebeğim, dişilik erille geliştirilmez," ya da "Şimdi değil canım," diyebilirsin. Bu önerilerin hangisinin sana iyi geleceğine, hangisini ne zaman yapacağına bırak sezgilerin karar versin. Elini ister kalbine koy, ister karnına. Oradan gelen cevaba güven.

Bir yandan da tek bir yöntemi yapıp mucize bekleme tabii ki. Yolda farklı yöntemler seni destekleyecektir. Bu yöntemleri ne kadar bolluk içinde düşünürsen o kadar yolda kalabilirsin. Ve çok önemli bir notum daha var sana. Unutma, tüm kahramanlık filmlerinde kahramana yardımcı bazı kişiler veya güçler olur. Tek başına kahraman olunmaz. O yüzden, bu yolda yürürken destek aramayı ve destek bulmanın da senin sorumluluğun olduğunu da hep hatırla.

1) Aşağıdaki kitaplar, bu kitapta anlatılan kavramları daha iyi keşfetmende sana yardımcı olabilir. Birçoğunda kendi kendine yapabileceğin alıştırmalar da bulunuyor.

Sanat Terapisiyle İyileşmek, Lucia Capacchione: İçindeki Çocuk ile çalışmak için harika bir kitaptır. Çok sayıda örnekler ve alıştırmalar içerir.

The Heroine's Journey, Maureen Murdock: Biz modern kadınlar için Kahramanın Yolculuğu'nu anlatır. Dişilden nasıl kopup erille özdeşleştiğimizi; annelerimizle olan ilişkimizin seyrini ve kadınların dişil özüne doğru yolculuğuna nasıl başladığını detaylandırır.

Yakın İlişki, David Deida: İlişki dinamiklerini, ilişkideki eril ve dişil kutupları anlamak için bu kitabı okumalısın.

Kurtlarla Koşan Kadınlar, Dr. Clarissa Pinkola Estes: Bu kitabı bütün kadınlar okumalı. Evet, zor okunuyor. Ama al sen yine de. Hazır olduğunda okursun.

Gölge Etkisi, Debbie Ford, Deepak Chopra, Marianne Williamson: Gölge'yi çok basitleştirerek anlatıyor.

Şiddetsiz İletişim, Marshall B. Rosenberg: Duygular, ihtiyaçlar, yargılar.

Vücudunuz Hayır Diyorsa, Dr. Gabor Mate: Duygular ve hastalıkların ilişkisini örneklerle anlatır.

Derle, Topla, Rahatla, Marie Kondo: Hayatımızı sadeleştirmek ve daha da önemlisi anda kalmak için sana faydalı olacak.

Kadının Bedeni, Kadının Bilgeliği, Dr. Christiane Northrup: Bu ansiklopedik kitap; bedenimiz, enerji bedenimiz, kadın hastalıkları gibi çok sayıda konuya değiniyor.

Kahramanın Yolculuğu, Joseph Campbell: Eril tarafımızı geliştirmemiz için.

Masculine and Feminine, Gareth S. Hill: Eril ve Dişil

Arketipleri daha iyi anlamak için.

2) Afrodit online eğitimlerine gel.

3) Bedeninle çalışmak için bir eğitime git. Yoga, Tai Chi, Chi Gong; hangisi sana çekici geliyorsa.

4) Bireysel destek al. Kiminle, ne zaman çalışacağına karar verirken sezgilerini dinle. Sezgim olduğundan nasıl emin olacağım, diye soruyorsan, sana minik bir ipucu: Acabaların varsa, sezgin konuşmuyordur. Sezgi, derinden bilme hâlidir.

5) Bu yolculukta seninle aynı yolda yürüdüğünü hissettiğin kadınlarla kadın çemberleri kur. Kitaptaki uygulamaları beraber yaptığın dostların varsa ne güzel. Sana iyi gelen dostlukları devam ettir.

6) Yolda kalmak için ritüeller geliştir. Şükran ritüeli, ayda bir kez kız kardeşlerinle buluşma, dışarıdan eve gelince dişil enerjiye geçme ritüelleri.

Ve Perde

- Bitiyor mu ya?

- Ama daha yeni başlıyorduk.

- Ben daha yeni başlıyormuş gibi hissediyorum ama.

Her eğitim sonunda yukarıdakine benzer cümleler söylenir. Sanırım, sokakta oynarken annemizin bizi eve çağırması gibi bir hisse gireriz: "Ben daha oynamak istiyordum ama!"

Afrodit'imizi açığa çıkarmak, Afrodit'imizi sahiplenmek uzun bir yol. Bu kitabı belki yolunun başındayken okuyorsun; belki çok yol aldın, yolundaki bir durakta bu kitapla demlendin. Bu büyük seyahatin minik bir döngüsü olarak, bu kitaptaki döngüyü kapatmaya ne dersin?

Sahi, kapanışlarla, bitişlerle, tamamlanmayla aran nasıl?

Gel, aşağıdaki alıştırmayla bu döngüyü onurlandıralım.

1) Neyi kutluyorum?

Ah kutlamalar... İçindeki Eril Beril, "Yani şimdi ben Afrodit olamadım ki... Neyi kutlayacağız?" diyebilir. Önündeki yola odaklanıyor olabilir. Ama gel sen Afrodit olmanın anın içinde kalabilmekle, keyifle ve hazla ilgili olduğunu unutma. Afrodit olacaksak tabii ki kutlamaları da kucaklayacağız.

Şimdi bu bölüme bu kitabı okurken ve alıştırmaları yaparken, neleri kutladığını yaz.

Örnekler:

- İçimdeki Çocuk ile ilk defa diyalog kurmamı kutluyorum.
- Bu yoğun iş tempomda, tüm alıştırmaları yapamasam da çoğunu yapabilmemi kutluyorum.
- Kendi hikâyemi yazarken akan gözyaşlarımı kutluyorum.

2) Yolda kalmak için kendime taahhüdüm nedir? Afrodit'i nasıl besleyeceğim?

Kitabı bitirdikten sonra hızlı hayat tempona dönmen, sonra da Afrodit'liği unutman olası olabilir. O yüzden, Afrodit'ini nasıl besleyeceğini şimdiden netleştirmeni istiyorum. Burada sayfa 167'deki Ritüeller ve sayfa 179'daki yola devam etmek için bölümlerinden kopya çekebilirsin.

Örnekler:

- Her akşam şükran ritüelini yapacağım.
- Marie Kondo yöntemini uygulayacağım. İlk başlayacağım yer de evde giydiğim kıyafetler olacak.
- Arkadaşlarımla kurduğum Afrodit grubunu devam ettireceğim.

3) Bu çalışmayı kapatmak için başka neyi söylemeye ihtiyacım var?

İçinden ne geliyorsa buraya yaz ya da çiz ya da belki dans edersin.

Kendime Not

Kalbini Açmak

Kalbini aç sevgili muhteşem kadın.

O ateşli kalbinden yayılsın ışıltın, dünyaya.

Gelişini hissetsin tüm insanlar,

Gülümseyerek karşılasınlar seni.

Ağlama zamanın geldiğinde ağla soyluca,

Öfke zamanın geldiğinde de göster öfkeni korkmadan.

Cilveli kahkahaların çınlatsın her yeri.

Teşekkür

İlk teşekkür sevgilime: Biricik sevgilim Aykut; sen olmasan bu kitap olmazdı. Çok eğlendik, çok saçmaladık ve evet çok da canımız yandı. Ama üzümlerin tatlanması için zorlu iklimler gerekirmiş malum. Biz de fena üzümler olmadık bence. Birbirimizi büyüttüğümüz bu yolu beraber yürümemizi kutluyorum.

Bu kitabı yazarken; aldığım çeşitli eğitimlerden, çeşitli kitaplardan, kendi koçluk uygulamalarım ve eğitimlerimdeki deneyimlerimden faydalandım. Co-Active Koçluk, Gestalt Koçluğu, Jungçu Koçluk, Dışavurumcu Sanat, Şiddetsiz İletişim, Yazıevi'ndeki Kahramanın Yolculuğu ve yaratıcı yazarlık eğitimleri ilk aklıma gelenler... Bu eğitimlerde bana hocalık eden tüm öğretmenlerime teşekkürlerimi sunuyorum. Jungçu Koçluk hocam Avi Goren Bar'a eril, dişil, gölge kavramlarını deneyimleyerek öğrenmemdeki büyük payı için teşekkür ediyorum.

Acıyı kalbimi kapamak yerine açmakta kullanabileceğimi ve erkeklerin dünyasında da neler olduğunu bana öğreten Dost Can Deniz'e ne kadar teşekkür etsem az geliyor. Malefiz'im beni kollarımdan tutmuş sallarken, beni yolda tuttuğun için ve birçok farklı kavramı entelektüel çerçeveye oturtmamda bana yardımcı olduğun için de teşekkür ederim.

Yeşim Cimcoz, sen benim için ruhsal bir rehbersin. Neleri öğrenmedim ki senden? Hikâyelerle, hikâyelerimle beni tekrar buluşturduğun için; İçimdeki Çocuk'la yaptığımız çeşitli çalışmalar için; Kahramanın Yolculuğu için; Dişil Kahramanın Yolculuğu için ve tabii ki bu kitabın ortaya çıkmasındaki tüm mentorluğun için şükran doluyum.

Sevgili kadim dostlarım, sevgili kız kardeşlerim, sizlerle saatlerce sohbet ettik. Konuştukça, paylaştıkça, içimizi açtıkça daha da güçlendik. Hayatımdaki varlığınız için şükran doluyum. Bu yolda yürürken bana inandığınız için, takdirleriniz için ve verdiğiniz cesaret için hepinize teşekkür ederim.

Ve son olarak, tüm danışanlarıma, eğitimlerime katılanlara ve sosyal medyadaki sevgili takipçilerime kalbimin en derinliklerinden teşekkür ediyorum. Kendi yolculuğunuza, beni de az ya da çok dahil ettiğiniz için; kendi özel deneyimlerinizi benimle paylaştığınız ve en çok da yüreğinizi açtığınız için. Hepinize kocaman teşekkürler.